廉吏小史

向敬之/著

人民东方出版传媒
东方出版社

LIANLI XIAOSHI

091 078 070 062 044 024 017 006 001

紫禁城的总建筑师，死后仅十两遗产

熊廷弼不取一金钱

蒋德璟为百姓减负

明朝的降将，成为了大清的廉吏

张存仁：不能寒了廉官能吏的心

乌头宰相魏裔介

清初直臣魏象枢

于成龙『天下廉吏第一』

治河名臣于成龙

001

| 廉吏小史 |

LIANLI  XIAOSHI

102 铁面御史郭琇
111 张玉书『小心』拜相二十年
118 康熙帝真的特别器重陈廷敬吗？
126 康熙帝给雍正帝培养的水利专家
134 孙嘉淦炮轰雍正帝，为何反受破格提拔？
144 刘统勋叫板张廷玉
153 叶存仁：不畏人知畏己知
159 『岳青天』的反面典型

紫禁城的总建筑师，死后仅十两遗产

1

1402年，燕王朱棣取代下落不明的建文帝朱允炆，成为明成祖。当初，朱棣造反，发动靖难一役，打着反对建文帝削藩的旗号，但等他做了皇帝，却把削藩进行到底。

明太祖朱元璋曾两次分封诸皇子为藩王，节制诸将，从给他打天下的淮西悍将手中抢过来兵权。此后，在北方防御虽败犹存的北元势力，有了以燕王为首的八大藩王，又叫塞王。

这些塞王，手握重兵，坐镇一方，如驻守大宁的宁王朱权"带甲八万，革车六千，所属朵颜三卫骑兵皆骁勇善战。权数会诸王出塞，以善谋称"（《明史·朱权传》）。他们成了朱棣成为皇帝后的最大隐患，朱棣借着法子整治这些塞王兄弟，有的削减护卫，有的贬黜废人，就连他当初承诺平分天下的朱权，也被迁至南昌变相地圈禁起来。

虽然在明太祖晚年，朱棣曾带着兄弟们向蒙古部落发起了五次猛烈的进攻，但北元蒙古势力还在，鞑靼、瓦剌正在兴起，备边防守还是国防第一要务。

朱棣的徐皇后给他生了三个儿子。老大朱高炽肥胖多病，善战的老二朱高煦、老三朱高燧虽被分封藩地，但总赖在京师不走，伺机向储君位发起进攻。

朱棣爱子心切，自然知道这几个儿子靠不住，同时他要保老大顺利继承皇位，不使他百年之后儿子们兄弟相残，故而只能亲自上阵。

于是，天子戍边的计划出炉了。

他最熟悉的北平，做过多个强大王朝的都城，很有王者之气。他在北平待过十八年，那是他的龙兴之地。更重要的是，占据了北平，他可以继续向长城以北发展，成为拥有大江南北、长城内外的真正的王！

他要迁都北平。

那是他造反的龙兴之地。

2

迁都就要重建都城，重建皇宫。《明史·成祖本纪》记载：永乐四年"闰月壬戌，诏以明年五月建北京宫殿"。

阮安出场了。

他是永乐十三年二月，英国公张辅平定交阯，从当时的交阯即现在的越南抓来的战俘，后被阉割成为太监。《明史·范弘传》说："永乐中，英国公张辅以交（阯）童之秀美者还，选为奄，弘及王瑾、阮安、阮浪等与焉。"

《明史》给予阮安本传的文字不多："阮安有巧思，奉成祖命营北京城池宫殿及百司府廨，目量意营，悉中规制，工部奉行而已。正统时，重建三殿，治杨村河，并有功。景泰中，治张秋河，道卒，囊无十金。"

加上标点，总共七十五个字，但传达出的意思，足以惊天动地：

一、阮安是一个建筑天才。在皇权至上、不能懈怠的专制年代，他奉旨建造北京城池宫殿及百官衙门，无需查阅资料，只凭实地观测和思考，所制订的建设方案完全达到各方面的要求，而主管建筑的工部官员只需奉行就可以了。永乐十八年底，雄伟的紫禁城在北京城中央巍然矗立，比朱元璋的南京宫殿要更加宏大、更加气派。永乐帝下诏正式迁都北京，铁腕打击反对势力。第二年正月初一，明成祖朱棣在新落成的奉天殿升上御座，接受文武百官和诸国使臣的朝贺。朱棣的龙兴之地，成为了大明王朝的政治中心。

二、永乐十九年夏四月初八，奉天、华盖、谨身三大殿遭雷击起火，崭新而辉煌的三大殿转瞬化为废墟。这样的天灾，却在人们包括朱棣看来，是出于上天警惩的天火。朱棣下罪己诏，诏告群臣直言朝政过失，免除各地拖欠的钱粮赋税，禁止庆贺万寿节。正统元年，阮安奉明英宗旨意，负责重建奉天三大殿，同时修建京城九门城楼、疏浚杨村河。当时首选建造者为蔡信，但其所上陈的方案耗资巨大，用工众多，而阮安承建后，不负所望，再立大功。

三、阮安长期负责督建紫禁城及北京城池，都是成功完成任务，得到皇帝肯定和褒奖。不说沾点小利小惠，单是所得封赏也该不计其数，但他病逝在工作岗位上时，囊中不足十两纹银，堪称古今奇观。他是真正把一生、倾其所有地献给了朱明王朝的建筑事业。

3

阮安死了，死得干干净净。他却给后世留下一座无与伦比的紫禁城。

据说，大学士杨荣、杨溥带领翰林学士"登正阳门之楼而纵览"，只见"高山长川之环固，平原广甸之衍迤，泰坛清庙之崇严，宫阙楼观之壮丽，官府居民之鳞次，廛市衢道之棋布，朝觐会同之麇至，车骑往来之坌集。粲然明云霞，瀹然含烟雾"。他们不约而同地想到了阮安，对他善于谋划的能力、奉公尽责的精神大加赞颂。

《七修类稿》卷十四说阮安："清介善谋，尤长于工作之事。北京城池、九门、两宫、三殿、五府、六部及塞杨村驿诸河，凡语诸役，一受成算而已。后为治张秋河道卒，平生赐予，悉上之。"

他甚至不像其他太监，如一同从交阯到明朝做太监的王瑾，还养了一个儿子。他是大明王朝最干净的人，即便著名的海瑞亦难望其项背。按理，张辅将其俘获，强行阉割，使之身心受到了严重的摧残和伤害，他与明朝君臣有不共戴天的仇恨，然而他却为明朝皇帝修建了一整套雄伟壮丽、傲视全球的宫殿集群。

熊廷弼不取一金钱

1

明天启五年（1625）八月二十八日，抗击后金的辽东统帅熊廷弼，被刑部主事张时雍斩于西市。

熊廷弼在从容就义前，赋绝命诗一首，诗云："他日傥拊髀，安得起死魄。绝笔叹可惜，一叹天地白。"遂凛然就戮，时年五十七岁。随后，明熹宗下令，将熊廷弼的脑袋"传首九边，弃尸荒野"，家属也被驱逐京师。

刑前，熊廷弼胸前挂一执袋，张时雍问是何物？

熊廷弼答："此谢恩疏也。"

张时雍冷笑道："公不读《李斯传》乎？囚安得上书！"

熊廷弼怒道："此赵高语也。"

熊氏所言赵高，即太监头子魏忠贤也。

三年前，即天启二年正月，后金大汗努尔哈赤挥师渡过辽河，再次向辽东明军发起进攻。留守广宁的辽东巡抚王化贞不知军事，相信中军游击孙得功的计策，发动全部兵力，让孙得功、祖大寿前往和祁秉忠会合，然后向前去作战。

明军参将鲍承先出广宁阻击，两军在平阳桥遭遇，刚一交锋，就被击溃。鲍承先、孙得功等领头逃跑。镇武、闾阳的兵力也被打败，刘渠、祁秉忠在沙岭战死，祖大寿逃往觉华岛。西平守将罗一贯待援不至，与参将黑云鹤也战死。

努尔哈赤兵临广宁，孙得功立即出降献城，鲍承先随后投敌。二人被努尔哈赤封为副将，命为前驱。鲍承先不以投敌为耻，反而积极为新主子给明将写信招降。

广宁大败，逃回山海关的王化贞，与驻军闾阳的熊廷弼会合入关。王化贞因为是前线主将，丢城失地，被弹劾下狱。熊廷弼经略辽东军务，也被牵连罢官论罪。

王化贞平素不熟悉军事，轻视大敌，好说大话。文武将吏的规劝一点也听不进去，与熊廷弼抵触得厉害，经抚严重不和。王化贞妄想已投降后金、成为努尔哈赤孙女婿的李永芳会做他的内应，相信蒙古人的话，说是林丹汗将派援兵四十万，因此想不战而胜。

王化贞为东林党重要成员、内阁首辅叶向高的门生，曾为东林党人，后背叛师门改投阉党，成为魏忠贤的忠实走狗。

广宁大败，朝廷追责。

三司会审熊、王二人，刑部尚书王纪、左都御史邹元标、大理寺卿周应秋报上判决书，将二人都判为死刑。魏忠贤极力偏袒王化贞，为之开脱罪责。

2

熊廷弼并非东林党人，而是阉党的联合力量楚党的中坚人物，但与许多东林党人交好，尤其与东林党六君子交情匪浅。东林党首领杨涟、左光斗等，纷纷为他上书鸣冤。

临刑前，熊廷弼通过东林党人、中书舍人汪文言，欲用四万两金子贿赂魏忠贤，请缓期执行，后来违背了四万金的许诺。魏忠贤大恼，发誓要尽快杀掉熊廷弼。

魏忠贤之所以要这样严惩熊廷弼，除了熊廷弼临死反悔而致其索贿不成外，更主要是因熊廷弼与东林党人关系密切，往来甚多，而今东林党首领们纷纷出动，为之鸣冤求情。

据说，杨涟弹劾魏忠贤二十四宗罪的奏章，就出自熊廷弼之手，这不免遭魏忠贤忌恨。

当时，以东林党人为代表的官僚士大夫与天启帝宠信的魏忠贤为首的阉党，冲突更加激烈。魏忠贤借天启帝沉迷于木匠活，与皇帝乳母客氏交结对食，自称九千岁专权擅政，与同样争权夺政的东林党人水火不容。

魏忠贤以东林党六君子收受熊廷弼贿赂，将汪文言下镇抚司诏狱。阉党锦衣卫指挥使许显纯对其施以"械、镣、棍、拶、夹棍"，迫令引杨涟等就范，趁机将东林党主要成员一网打尽，悉数处死。

魏忠贤借熊廷弼打倒东林党众人之后，自然不会放过熊廷弼。他的党羽门克新、郭兴治等迎合主子，不断催促三司对熊动手。

少詹事补经筵讲官冯铨谄事魏忠贤，教唆魏阉行廷杖以立威，处死杨涟等六君子后，与顾秉谦等在讲筵上侍讲时，拿出集市上刊印的《绣像辽东传》，向明熹宗诬陷熊廷弼，说这是熊执笔的，想为自己开脱罪名。

冯铨加罪熊廷弼，一箭双雕，既为魏忠贤株连东林党人立下一大功，又报复了当年东林党人弹劾其父冯盛明，导致在河南布政使任上丢官之私恨。魏忠贤倚为心腹，遂进冯铨为礼部右侍郎兼东阁大学士，入阁为辅臣，旋即升尚书，半年后以魏阉头号门徒，进少保兼太子太保、户部尚书、武英殿大学士。

魏忠贤借傀儡皇帝兼一代木匠明熹宗的圣旨，下令将熊廷弼砍了，将其首级递送北方九军镇示众，不许熊家收葬尸体。

3

明天启五年八月二十八日，书生报国的熊廷弼死了。富有策略抗金的熊廷弼死了。但是，为了让熊廷弼死于叛国大罪，魏阉一党继续做足他的所谓罪状。

御史梁梦环说他侵盗军费十七万两；御史刘徽说他有家产值百万两银子，应该没收了充作军费。魏忠贤矫诏命令严加追赃，熊家全部资财不够，连亲戚、本家都被查抄。冯铨暗设圈套，将熊廷弼的姻亲、御史吴裕中杖毙。

江夏知县王尔玉不为从江夏走出的熊廷弼遭受巨大冤屈，而抱不平、怀同情，却趁机向熊家索要珍玩，逼得熊家长子熊兆珪自杀身亡。

熊兆珪的母亲喊冤，王尔玉将其两个丫鬟脱去衣服，杖打四十大板，以示最大的羞辱。打脱光了衣服的丫鬟，打的还是熊廷弼的老妻。

《明史·熊廷弼传》对熊案惨况说："远近莫不嗟愤！"

崇祯帝上台后，屡有朝臣为熊廷弼之死鸣冤，熊家儿子上书要为亡父收葬，但思宗并没同意。

直至崇祯二年正月，首辅韩爌等向思宗说："廷弼不取一金钱，不通一馈问，焦唇敝舌，争言大计。魏忠贤盗窃威福，士大夫靡然从风。廷弼以长系待决之人，屈曲则生，抗违则死，乃终不改其强直自遂之性，致独膺显戮，慷慨赴市，耿耿刚肠犹未尽泯。"（《明史·熊廷弼传》）

韩氏极力证明，熊实一生清廉，由魏忠贤冤杀，并株连其妻和儿女，乃一件极大冤案。明思宗才颁旨，允许熊廷弼的儿子将他的首级取回去安葬。

虽然崇祯帝追谥熊廷弼为襄愍，但并没有正式为之平反昭雪。熊廷弼墓前有碑，上书"明兵部尚书辽东经略谥襄愍熊廷弼之墓"，为清代所刻。清乾隆帝曾有论熊廷弼和熊廷弼传略碑文。

对于熊廷弼之死，《明史·熊廷弼传》说："惜乎廷弼以盖世之材，褊性取忌，功名显于辽，亦隳于辽。假使廷弼效死边城，义不反顾，岂不毅然节烈丈夫哉！广宁之失，罪由化贞，乃以门户曲杀廷弼，化贞稽诛者且数年。"广宁之败，败于王化贞，而王氏于崇祯五年才被论罪诛杀。

熊廷弼作为明驻辽东主帅，虽非犯了严重的指挥大错，但他督战不力，再加平时脾气火爆，禀性刚直，喜欢骂人，导致部众离心离德，最后诸将纷纷投敌。他不甘谦恭下人，因而舆论对他不太推许，给他在朝廷的政敌们留下了群起攻之的口实。

熊廷弼死于广宁大败，虽属被牵连，但最后与副手兼政敌王化贞一起犯了逃跑主义，也是明显有过。但从其三次督战辽东而言，整体上他都是有功之臣。

计六奇在《明季北略》中说："自辽事者，所用人鲜有胜任者。当时所望成功者，惟熊廷弼、袁崇焕、孙承宗。"

若明朝廷能长期信任地重任熊廷弼，或许后来也不会有孙承宗、袁崇焕等经略辽东。

熊廷弼是从八股科场走出来的进士，但身高七尺，有胆量，晓军事，擅左右开弓。最初出任辽东巡抚，他一路招集流民，修整防守战具，分派兵马驻扎，将当地军心民心重新稳定下来。

万历四十七年，经略杨镐率十二万大军，在萨尔浒之战惨败，战后廷议，擢升熊廷弼为兵部右侍郎兼右佥都御史，升任辽东经略。

熊氏并未因明军衰败、丢城失地，而丧失重整军队的斗志。他前番为辽地巡按时就主张防守，到这时更加坚决地主张拒敌守城。

大有作为连着事功顺风顺水，不免招来"红眼兔"的群起攻击。

没过多久，朝臣纷纷弹劾熊氏，各种各样的罪名纷至沓来，御史冯三元弹劾廷弼八件没有谋略的表现，三件欺瞒皇帝的事，说不把他罢免，辽地终究无法保有。天启帝决定以袁应泰替代熊廷弼。

熊廷弼不断上书，请求派人调查，与冯三元、魏应嘉、张修德等在天启帝那里打起了笔墨官司。一边是边地主帅，一边是督察大员，最后天启帝听从熊氏建议，准备派冯三元等三人来核实。御史吴应奇、给事中杨涟等坚决认为不可以，于是改派兵科给事中朱童蒙前去。

朱童蒙回奏："臣入辽时，士民垂泣而道，谓数十万生灵皆廷弼一人所留，其罪何可轻议？独是廷弼受知最深，蒲河之役，敌攻沈阳，策马趋救，何其壮也！及见官兵弩弱，遽尔乞骸以归，将置君恩何地？廷弼功在存辽，微劳虽有可纪；罪在负君，大义实无所逃。此则罪浮于功者矣。"(《明史·熊廷弼传》)

朱童蒙说了实话。

熊廷弼镇守辽东的功劳苦劳，当地数十万军民有目共睹。而今被迫欲以告老还乡，来远离权力场的激烈争斗，但天启帝并未允准。

不到一年，辽东重镇沈阳、辽东首府辽阳相继失陷，袁应泰畏罪自杀，辽河以东全部沦为后金所有。朝廷又想起了赋闲在家的熊廷弼，于是，天启帝对冯三元、张修德、魏应嘉等各贬三级，或彻底罢免，下诏起用熊廷弼再任辽东经略，并且提拔王化贞为巡抚。

此时，魏忠贤虽势力坐大，阉党图谋要依靠他排挤东林党，但叶向高、韩爌正在辅政，邹元标、赵南星、王纪、高攀龙等都官居高位，左光斗、魏大中、黄遵素等人在言路，他们都全力主持清议，天启帝再任熊廷弼为兵部尚书，兼右副都御史，驻守山海关，经略辽东军务。

熊廷弼请尚方宝剑，请调兵二十余万，以兵马、粮草、器械之类责成户、兵、工三部，得到了天启帝同意，这是受了东林党人的影响。

熊廷弼启程时，天启帝特赐他一身麒麟服、四枚彩币，设宴于郊外，派文武大臣为他陪酒、饯行，又派用五千名京营选锋护送他赴任。这是当时隆重罕见的壮行礼。

熊廷弼上任后，却与王化贞发生激烈的矛盾。熊廷弼在王氏不谙军事乱搞军事建设遭指责、推卸责任给他的情势下，请朝廷警告王化贞，不得借口有人节制，坐失战机，后来在如何利用辽人的策略上发生了严重冲突。

熊廷弼主张防御，认为辽地人不可信用，蒙古人不可凭仗，李永芳不可相信，广宁有很多间谍让人担心。王化贞则一切相反，绝口不提防御，说明军一渡河，河东人必为内应。经抚不和，战守相争，导致最后发生了广宁巨变。

熊廷弼不取一金钱

熊廷弼无论是前次巡抚辽东,还是后来两次经略辽东,面对长于野战而短于攻坚的努尔哈赤的八旗军队,制定的策略都是以守为主、反对浪战。他督造军器,修缮城堡,调兵遣将扼守各冲要地点,互为应援,守备大固,还亲巡沈阳、抚顺,相度形势,召置流移,安定民心。单论此策,有利于明军联合朝鲜牵制后金,卓有成效,使后金军一年多内不敢轻进。

曾任天启初期首辅的刘一燝曾说:"廷弼守辽一年,奴酋未得大志。"(《明熹宗实录》)袁应泰代熊廷弼经略辽东,接连失地,畏罪自杀,河西军民全都奔逃而去,自塔山到闾阳方圆二百余里,荒无人烟,朝野震惊。刘一燝说:"使廷弼在辽,当不至此。"(《明史·熊廷弼传》)

虽然也有部分东林党人认为熊廷弼死于主张绥靖、首鼠两端,没有及时以进取之策打击后金继续入侵、以大规模军事行动收复辽东。就是高攀龙、杨涟等东林党领袖人物,也因对辽东前线战争形势全然不明而对熊廷弼坚守抗敌,视为一种怯弱的卖国。

但是,熊廷弼以盖世之才督师辽东,坚守以待悍强冲锋的努尔哈赤的数万军队。

努尔哈赤欲向明扩张,也受了不少后金贵族只盯着抢奴隶、财物、牲畜等而不愿加紧攻明的内部制约。

熊廷弼严阵以待强敌，不失为上策的战略思想。然而明朝内部倾轧争权，将帅冲突矛盾，皇帝优柔寡断，而导致帝权旁落于清流与阉党的争斗之中，最后能有大作为的良将受尽了掣肘。

假若明朝廷上下一心，让熊廷弼以及后来的孙承宗、袁崇焕能久在其位，又"何患乎满洲？廷弼可杀，承宗可罢，镇辽无人，满军自乘间而入。明之祸，满洲之福也。虽曰天命，宁非人事？"（蔡东藩《清史通俗演义》）

起于一个小部落的建州女真，之所以能够在数十年间不断充实扩张，统一辽东，越过长城，入主中原，取代曾为女真先人敬畏并效命的"天皇帝"的明朝成为新朝，明朝内部祸起萧墙也是一个致命死穴。

蒋德璟为百姓减负

1

17世纪20年代，欧洲市场贸易衰退，在随后的一百多年里，以西班牙的塞维利亚为中心的世界贸易体系日渐瓦解，导致停泊在马尼拉的中国商船，由鼎盛时期的四十一艘降至六艘。

明王朝的江南丝绸，在萎缩的国际市场供过于求，不能像原来那样使白银源源不断地输入中国。

天启末年以来的自然灾害席卷全国，严重的干旱与洪涝接连出现，天灾流行，田地歉收，而政府机构臃肿，官员敛财自肥，导致了各地农民纷纷揭竿而起。

原本不得父皇明光宗疼爱的信王朱由检，因为皇兄天启帝的英年早逝、无子继位，幸运地成为有十七年天命的崇祯帝。他成年后继承大宝，同时不幸地继承了关内关外两次艰难的大战。

2

战事频仍，国库空虚。崇祯十六年秋，户部尚书倪元璐做下一年的军费预算，支出超过二千一百万两，而收入预计不足一千五百万两。

为了解决这个巨大的缺口，倪元璐建议扩大官盐买卖、卖官鬻爵，改刑罚为收赎金，以补不足。

第二年初，户部主事蒋臣提出，将正德年间放弃发行的纸币恢复，鼓吹与金属货币一样，价值多少都由朝廷决定，朝廷定多少就是多少。

蒋臣说：每年印发纸钞三千万贯，一贯为一两，一年就是三千万两。

这是年财政收入的两倍。

户部侍郎王鳌永第一个赞同。

崇祯帝很高兴，认为这是一本万利的买卖，能够帮助他解决资金短缺的问题，便下令特设内宝钞局，日夜印钱，还派太监去全国各地搜集桑树纤维作为纸币原料。

没有国家信用的支撑，纸币一钱不值。再多的纸币，也是一堆废纸。

一个大臣站出来说:"百姓虽愚,谁肯以一金买一纸?"(《明史·蒋德璟传》)

反对者,蒋德璟也。

蒋德璟时任户部尚书兼文渊阁大学士,是刚上任不久的内阁首辅,主管财税。他知道通货膨胀的危害。国内日益恶化的通货膨胀,已经严重地损害了老百姓的日常生活。

他秉公持正,极力反对自己主管部门的官员诱惑皇帝疯狂印刷毫无信誉度的钞票。然而,对于他的良心话,崇祯帝置若罔闻,还派人拟谕将他罢免。

一个正直的大臣,是拗不过一个糊涂的皇帝的。

3

这已不是蒋德璟第一次与崇祯帝交锋。

崇祯九年,杨嗣昌出任兵部尚书,提出对义军"四正六隅,十面张网"的围剿计划后,建议增兵十二万人,增加饷银二百八十万两。

他的思路是:

一、因粮,按照原定粮食数额增加征派,可得银子近一百九十三万两。

二、溢地，将民间超出原定数额的土地，核实纳税，可得银子近四十一万两。

三、事例，让富裕的农民买做监生，一年一次。

四、驿递，将之前裁省邮驿的银子，拿二十万两充军饷。

杨嗣昌熟悉典章故事，工于笔札，富有辩才，每次皇帝召见时，侃侃而谈，与前任兵部尚书的呆滞木讷之状迥然不同。

崇祯帝惊叹："用卿恨晚！"

崇祯帝对破格起用的杨嗣昌寄予了厚望，却忘记了当年他裁省驿递之银，造成了邮差李自成下岗，为生活所迫参加了起义军，成为他今日最头痛的敌人。他被杨嗣昌说得云山雾罩遮蔽了眼睛，看不见各种巧立名目的摊派，迫使着更多的老百姓加入起义的队伍。

杨嗣昌的报告一提交，崇祯帝立即发出告示，向老百姓加派剿饷和练饷。他说是为了使平民百姓的生命不受到威胁，才增加赋税充当兵饷，平定内乱。他还特地将"因粮"改为"均输"，意思是让天下百姓感觉是一视同仁的人人平等。

理由是冠冕堂皇的，但给老百姓的负担是日益加重。在官吏侵贪暴敛、贫民饿殍枕藉的情势下，蒋德璟对这种毫无体恤民生的病民之术、亡国之咎，深感忧虑。但他只是礼部右侍郎，较之于皇帝言听计从的新宠，人微言轻。他偷偷给杨嗣昌记下了这一笔账。

天灾犹可恕，人祸不可活。

崇祯十四年春，杨嗣昌病逝于督师镇压义军途中，蒋德璟尚未入阁，但以国家为重，置生死度外，请崇祯帝总结教训，一针见血地指出："嗣昌倡聚敛之议，加剿饷、练饷，致天下民穷财尽，胥为盗。又匿失事，饰首功，宜按仇鸾事，追正其罪。"（《明史·蒋德璟传》）无原则、无底线的摊派，只会祸害百姓。

蒋德璟剑指杨嗣昌，但崇祯帝不但不理会，反而亲自撰文，追赠太子太傅，以议功之例免罪，将蒋德璟们谴责杨嗣昌的上疏，一概留中，并训斥道"大家排斥，意欲沽名"（张缙彦《依水园文集》前集卷二）。

蒋德璟还不是部院主官，然其才华和为人得到了崇祯帝和臣僚们的敬重。廷议推选阁首，大家首推他。他生性耿直，荐贤举能，名臣陈子壮、倪元璐、黄道周等身任要职，都是他鼎力推荐的。

没过多久，崇祯帝晋升蒋德璟为礼部尚书兼东阁大学士，入阁辅政。

不论次辅还是首辅，蒋德璟都敬终如始地为拯救老百姓慷慨陈词，不计自身得失地陈明利害关系，恳求崇祯帝开恩施行。只可惜，他用心国计，理财治兵，殚精竭虑，许多方面的建议虽被崇祯帝点头称是，但君侧多有误国臣，蒋氏良策不能行。

蒋德璟多次反对征收练饷，要为老百姓减负，还同崇祯帝发生过几场大争论，激怒崇祯帝当即下令要罢免他。

4

崇祯十七年（1644）二月，李闯占领山西，清军兵陈关外，崇祯皇帝又令群臣讨论练饷大事。

蒋德璟深知明朝大势已去，但还是坚持练饷殃民之害，说：向来只有聚敛小人提倡搞练饷，导致"民穷祸结，误国良深"。

崇祯帝很不高兴，逼问道：聚敛小人是谁？

蒋德璟不好说崇祯帝及其旧爱杨嗣昌，于是说已故户部尚书李待问就一直为民请命免杂饷。

崇祯帝知道蒋是含沙射影，故为自己正名：我不是聚敛，而是为了练兵。

蒋德璟赶紧说皇上岂肯聚敛，但以事实说话，指责边防废弛，诸边皆虚兵冒饷，朝廷还不断为练饷摊派，"为民累耳"。

崇祯帝不愿意承认练饷给老百姓增加了巨额的负担，说"今已并三饷为一"。

蒋德璟说：户部确实并为一，但地方州县追加，仍是三饷。

蒋德璟面对面地指责崇祯帝的"三饷"政策，祸国殃民。他以自己身为阁臣，未能语达天听为憾，而于三月二日引罪辞职，移寓外城。不久，京师城陷，蒋德璟被迫逃回老家。

他对明亡，深以为自身罪责。福王在南京组建南明弘光政权，召他入阁，他引咎固辞。后来，唐王在福州新立隆武政权，蒋氏出山想出一份力，但不久因足疾而辞职。几个月后，唐王被清军擒杀，蒋氏绝食尽忠节，当月死于家中。有史料说，他是吞金而死。

蒋德璟怀抱匡时济世之志，生不逢时，才不见用，但他把了不起的榜样力量留给了历史，留在了那个混乱的明末，有一个朝廷要员执意要为老百姓减负。

为民减负，不恋功名。良心辅政，忠心做人。

这是黑暗明末一瞬难能可贵的光亮。

虽然短暂，但是不朽！

明朝的降将，成为了大清的廉吏

1

顺治十一年正月十一日，顺治帝来到内院，和内翰林秘书院大学士陈名夏、内翰林弘文院大学士吕宫一番对话，很耐人寻味。

此事的缘起，是九天前，陕西总督、太子太保、兵部尚书兼都察院右副都御史孟乔芳病逝，奏报朝廷。

顺治帝有所感，特地来到内阁办公室，对陈、吕二人说："朕前闻总督孟乔芳病故，深用轸恻不禁泪下。乔芳与朕，宁有姻戚哉？但以其为国忠勤效力故也！"(《清世祖实录》卷八十，顺治十一年正月壬寅)

明朝的总督，被清朝继承，但由虚衔变成了实官，当然也由动词变成了名词。明朝总督的正式名称，为"总督某某等处地方提督军务粮饷兼巡抚事"，书作"兵部尚书兼都察院右都御史"，而至清朝则是某某等省总督。故而，顺治帝称孟乔芳不是尚书，而是总督。

顺治帝在哀悼孟总督。陈、吕听着皇帝的高度评价，心里揣摩着皇帝要给孟乔芳一个怎样的美评和追赠，盖棺论定，心里盘算着如何书写嘉奖令，但没料到，年仅十八岁的顺治帝话锋一转。

顺治帝说：连年来，我眷顾汉官，比满官要好很多。满官自太祖、太宗时，就宣力从征，出生入死，才得到今天的待遇。我优待汉官者，并不是因为你们有功才这样。我一直期待你们汉官既然深受皇恩，就必须尽忠图报耳。但是，"今观汉官之图报主恩者，何竟无一人耶！"（《清世祖实录》卷八十，顺治十一年正月壬寅）

顺治帝重视汉臣，名为延续多尔衮摄政时期的大政方略，缓和满汉矛盾，改善满汉关系。而在实质上，有意借力打击以孝庄太后为首、两黄旗大臣为辅的满洲保守势力。就像他宠信原来隶属多尔衮正白旗的叛徒苏克萨哈，宠爱正白旗内大臣鄂硕之女董鄂妃，也是借力打力的政治用意。

当然，他没想到他同时不得不倚重的两黄旗大臣，已经为他记下了这一笔崇汉抑满的政治账。

"满洲诸臣或历世竭忠，或累年效力，宜加倚托，尽厥猷为。朕不能信任，有才莫展。且明季失国，多由偏用文臣。朕不以为戒，委任汉官，即部院印信，间亦令汉官掌管。以致满臣无心任事，精力懈弛，是朕之罪一也。"（《清世祖实录》一百四十四卷，顺治十八年正月丁巳）

崇汉抑满，是满洲统治集团最后给顺治帝总结的一大罪行。但在顺治帝乾纲独断时，他是我行我素的。就是在夹缝中施展拳脚，他也不惜与生母孝庄太后发生激烈的冲突。

虽然只有"偏私躁忌"的汉官刘正宗上了顺治帝的所谓罪己诏，但陈名夏——投降过李自成的前明翰林，劝过多尔衮自立为帝的大学士——也因写得一手好文章，而深得对汉人新事物感兴趣的顺治帝欢心。

陈名夏抹了一把冷汗，明白皇上这是重提上年二月任珍杀人对处分不满一案。

当时，被刑部判以"自治其家属淫乱，擅杀多人"（乾隆朝《钦定国史贰臣表传》）的明降将任珍，受罚在家，怨言不断，"出言不轨，并指奸谋陷诸丑行"（《清世祖实录》卷七十四，顺治十年四月甲辰），议罪论死。

顺治帝命刑部将任珍案情，书写满汉两式，命满汉大臣商议。

顺治帝也认为任珍擅杀妻妾，罪大可耻，但又有心从宽处理，于是召集朝臣发表意见。

满、汉官员对刑部议罪死刑看法，分为两派：

满臣支持原判：处以极刑。

汉臣集体反对：证据不足。

署理吏部尚书的陈名夏，是二十七名汉官反对者的领袖人物，他坚持承认：任珍不承认婢女揭发的罪行，如果要定罪，就必须展开大讨论。

顺治帝有心饶任珍不死，而陈名夏等于法无据，东拉西扯，惹得顺治帝很不满意，认为陈名夏等汉官不与满官和衷共济，拉帮结派、欺君妄为、文过饰非。

陈名夏想到此事，当时群臣议定将其处死，被顺治帝网开一面，怕青年天子一时兴起秋后算账，赶紧回奏：皇上爱臣，就像父母爱自己的孩子。我们如果不能承顺于皇上，就是孩子不承顺于父母啊。臣等岂无报效之心？我们时刻谨怀此心，只是皇上没有及时洞悉罢了。

陈名夏是在扮嫩、扮矮、扮小，他比顺治帝年长三十八岁，虽然比顺治帝之父皇太极小九岁，但比其生母孝庄太后年长近一轮，还不知廉耻地以父子喻君臣，说自己待君父敬终如始。

臣子视皇帝为君父，是惯例，是传统，是形式。陈名夏也是动之以情曲线救命。

吕宫不说话。他是顺治四年的状元，以吏部侍郎超授大学士。平常他在内阁票拟政务，总是唯老陈马首是瞻，紧趋其后。

陈名夏不由打了一个冷战。

他是明朝走过来的降臣，为南方籍汉官的领袖人物。顺治帝亲政不久，御史张煊就曾弹劾时为吏部尚书的他，同大学士兼左都御史洪承畴和礼部尚书陈之遴在甄别御史的过程中，处置不公，特别举报他结党营私，有十罪二不法。老战友陈之遴为了摘清与他的关系，也主动举报他"诣事睿亲王"。

顺治帝充分利用陈名夏等汉臣的才干，但对以陈名夏为首的南人与以宁完我为首的"辽东旧人"（汉军旗官），以刘正宗为首的"北人"（北方籍汉官），以及冯铨、金之俊等大学士，自成集团，暗结成党，倾轧攻击，很是恼火。

前不久，顺治帝曾为此特至内院对诸臣发出警告："满汉一体，毋互结党与。"（《清史稿·陈名夏传》）陈名夏强词夺理，遭到了顺治帝训诫："尔勿怙过，自贻伊戚。"

顺治帝的意思很明确，你陈名夏不真心悔过，就是自找麻烦。

所以，孟乔芳之死，貌似让顺治帝感到一个真正用心任事的汉臣难觅，其实是对满汉大臣对立的强烈不满，对于汉臣恃宠而骄的心生怒火，于是小题大做，再次严厉地敲打陈名夏及其亲信大学士吕宫。

他不希望汉臣附和画诺,寄望汉臣真抓实干地成为自己集中和强化皇权、打击满洲保守势力的一柄利剑。

顺治帝说:多年来,你们不断地接受我的优宠,该升迁的得到升迁,不该升迁的也被越次捡用,但全不思报,还昧着良心说这一切是自己凭本事所得。

陈名夏心里越是发虚便越想掩饰:皇上的厚恩,我们无时不思回报。只是臣等才庸识浅,导致有错失,故难免不出问题耳。

顺治帝说:出个错失又何妨?与其才能超群而不思报国,不如才智平庸而思报国,真是太过分了。如果明知这个道理,不思报效,还擅敢胡乱作为,一旦事发,我决不轻贷。到那时就不要怨我,这是你们自找的烦恼。

顺治帝借疆臣孟乔芳之死,狠狠地敲打阁臣陈名夏之流的结党内讧,为此还特遣内大臣至孟府祭奠,赐谥忠毅,加赠太保,赐其家人千两白银、一所宅邸。

这银子和宅子,不是作为安葬之资的,而是一项安家的费用和住所。在陕西总督任上为官十年的孟乔芳,一壶冰心,两袖清风,并没给家人留下多少财产。

孟乔芳死得让顺治帝感伤。而顺治帝也因为过分地善待宽容缠斗不休的陈名夏等,至死还被以四辅臣为首的满洲保守势力弄出了一道著名的罪己诏。

2

  清朝首任陕西总督孟乔芳的死，让青年天子顺治帝感叹唏嘘，更是一份难得！

  孟乔芳本是前明副将，永平人，因事革职在家，成为大明王朝有污点的退伍军人。

  孟氏在明朝军方是否有大作为，史料不载，只说他是犯事被贬黜为民。

  明朝庞大的军队体系，主要分为三个兵种：京卫、上十二卫亲军和地方卫所。卫所是明太祖朱元璋尚未称帝前，就模仿北魏隋唐的府兵制，以及元朝军制元素，为即将拉开序幕的大明王朝创建的军队主体。

  随着时间的推移，卫所制度日见衰落，迄万历年间，著名首辅张居正曾支持戚继光、李成梁等组建私人武装。万历末年的辽东经略熊廷弼，也是在都察院官员的强烈反对声中，提出承认和鼓励军官组建私人武装，是稳定边防的唯一办法。

  他们之所以这样坚持，乃是因为明末世袭军户越来越少，而军官却不断增加。原本能支持庞大的军费开支的太仓府库,日益见底。万历四十六年,后金大汗努尔哈赤向明朝发起挑战,率兵一万,攻占抚顺。明朝兵部出现了赤字,万历帝不得不从供自己个人用度的东御府中拿出五十万两储银填补亏空。

广宁总兵张承荫率辽阳副将颇相廷、海州参将蒲世芳闻警率兵一万,支援抚顺,遭到努尔哈赤回军相拒。人和于明失利,天时也助敌,两军还未展开厮杀,突发大风,席卷黄尘,直扑明营,暗助了后金军趁势击溃明军。

张承荫等三将以及游击梁汝贵,一同战死。

万历帝追赠张承荫为少保,建祠赞其精忠。御史张铨说:"廷议将恤承荫,夫承荫不知敌诱,轻进取败,是谓无谋。猝与敌遇,行列错乱,是谓无法。率万余之众,不能死战,是谓无勇。臣以为不宜恤!"(《明史·忠义三·张铨》)

万历帝为了反击曾向自己讨封龙虎将军的努尔哈赤的自立和反叛,重新起用抗倭老将杨镐,授以兵部左侍郎,经略辽东军务,组织李如柏、杜松、刘綎、马林四镇兵马九万,征讨后金。

张铨又说:杨镐不是帅才,驾驭不了众宿将。

张铨极力推荐熊廷弼,却没被万历帝采纳。

一语成谶。

调兵不及时，筹饷费时一年多，被得以休整的努尔哈赤再次发力，在萨尔浒一役，大败杨镐分兵四出的战略部署，以及号称四十七万人马的大明军队，也彻底改变了金明在辽东的军事局势。

杨镐被东林党领袖高攀龙弹劾，称其与努尔哈赤勾结，被革职下狱问斩。

朝廷只能寄希望于熊廷弼。但是，错过了时机，辽东防线早已松垮，朝廷军费供给不足，又派系争斗、催促太紧、掣肘太多，而努尔哈赤迅速壮大，一举攻陷开原、铁岭。熊廷弼再次被撤，换上了东林党人袁应泰。

袁氏不济，丢弃辽阳，自杀殉国。

再起熊氏，广宁一战，巡抚王化贞不战而退，游击孙得功献城投降，副将鲍承先倒戈助敌。

熊廷弼被阉党老大魏忠贤安了一个叛国大罪，授意其亲信大学士冯铨，将其正法，传首九边，警示诸将。

孟乔芳没有杨镐、袁应泰、熊廷弼的气节，但比他们幸运。

杨镐、袁应泰、熊廷弼们的身上，都有着儒家传承的道德英雄主义。孟乔芳也有，然其选择的践行方式不同。

3

天聪三年十月,皇太极借与扼守松锦防线的蓟辽督师袁崇焕达成休战的和议之际,麻痹袁崇焕,决定向关内发起一次偷袭。

皇太极令二贝勒阿敏留守沈阳摄政,自己亲率八旗大军,借道蒙古科尔沁,突破喜峰口,一直打到大明王朝的京师城下。

乾隆四十一年出生的第八代礼亲王昭梿,在《啸亭杂录》开篇就津津乐道太宗伐明前,是如何应对强悍的袁崇焕的:"崇焕信其言,故对庄烈帝有'五载复辽'之语,实受文皇绐也。"

绐者,哄骗也。皇太极骗过了曾在宁锦一役教训了自己的袁崇焕。

时明军主力都在山海关外布守,皇太极骗过了已有膨胀欲的袁崇焕,成功深入内地,扬言"城中痴儿,取之若反掌耳"(昭梿《啸亭杂录》卷一《太宗伐明》)。

袁崇焕急率总兵祖大寿、副将何可纲驰援北京城,并沿经过的蓟州、抚宁、永平、迁安、丰润、玉田各城分兵防守,进军在广渠门外,与后金三贝勒莽古尔泰等率领的后金军展开战斗。

皇太极经历德胜门之战后,主动回师。他的征明,一是试探明军的军事实力和反应能力,二是抢夺人口、牲畜、财物和粮食。

他达到了政治目的,没料到袁崇焕反应快速,遇到了满桂的奋力抗击。但为了初战大捷,迅速攻破关内四座重要城镇:滦州、迁安、遵化和永平。

皇太极发出了整军纪、安抚民众的告示,一改过去劫掠奴隶、牲畜和财物的野蛮做法。

退伍军官孟乔芳与知县张养初、兵备道白养粹、副将杨文魁、游击杨声远等十五人出降。降将是怀着某种政治理想前来效力的,皇太极很高兴地下达任命书,命白养粹为巡抚、孟乔芳为副将、张养初为知府,协助贝勒济尔哈朗坚守永平。

为了表示亲近,皇太极特颁汗令,命孟乔芳等三人前往行营见驾。皇太极以金卮赐酒,说:"朕不似尔明主,凡我臣僚,皆令侍坐,吐衷曲,同饮食也。"(《清史稿·孟乔芳传》)

此时的后金,皇太极为天聪汗,但还是实行四大贝勒联合执政,征战时更是君臣不分,大碗喝酒,大块吃肉,大肆争论。皇太极对这样的规制已经很不满,但在非常时期,又被他拿出来,当做一种貌似平等自由的优越晒在孟乔芳等人面前。

丢官闲居的孟乔芳本来就为被弃用窝火。他主动对皇太极投诚，还表效忠。

当然，他更不想步重新启用而身首异处的杨镐和熊廷弼后尘。

祖大寿遣使来见故友孟乔芳，欲打探后金兵力部署情况。孟乔芳立即拿下使者，献给新主子。

这是一个投名状。

孟氏杀了旧同事，是否有道义上的某种不安，且不好说，但从其决绝降清的行为以及后来仕清的努力来看，他在寻求一种施展拳脚的现实机会。

他是一个果断的利己主义者，骨子里还有理想主义的成分。

皇太极返回沈阳，命阿敏赴前线督师。他前脚刚到永平，祖大寿后脚就夺回了滦州。诸贝勒劝阿敏制定有效方略，有效保护其他三城，结果被阿敏拒绝了。他的心里也很窝火，憎恨皇太极已向他进一步夺权，同时充分重用汉臣。他下令对永平、迁安进行屠城，然后带着所有家畜、财物和少数女人作为战利品，回到沈阳。

阿敏在此次大屠杀中，杀掉了被皇太极任命的白养粹、张养初等降官十一人。孟乔芳得以幸免，随清军返回辽阳后，被任命为汉军管佐领事。

皇太极以屠城为由，将阿敏定为国贼，实行圈禁。同时，皇太极对孟乔芳进一步重用，于天聪五年仿明制设立六部，命他为刑部承政（尚书），赐二等轻车都尉世职。

崇德三年七月，清廷更定官职，孟乔芳改任刑部左参政（侍郎），不久兼领汉军正红、镶红两旗副都统。

一个降将，兼管汉军两旗。足见皇太极对孟乔芳的器重。当时的汉军还是四旗时期，直至崇德七年清军打赢松锦大战后，才新分汉军八旗。

崇德八年，孟乔芳因徇私包庇已故克勤郡王岳托次子、贝勒罗洛浑的家奴抢劫一案，主管刑部置之不理，被处以降实职一等。罗洛浑为满洲镶红旗旗主，在旗是孟氏的主人。孟氏面对这并不严厉的处分，虽不情愿，但纵有百口，也无法申辩，唯有接受而已。好在他的职务如故，仍为刑部左侍郎兼汉军镶红旗副都统。

皇太极驾崩后，孟乔芳随摄政睿亲王征明，以军功加一云骑尉，且在顺治二年四月，被多尔衮以兵部右侍郎兼右副都御史，出任陕西总督。

孟氏的能力，不但深得了皇太极的赏识，而且受到了多尔衮的器重！

这是有内情的，孟氏不是一个简单的赳赳武夫，甚至改门换庭了也过得很用心。

《十朝诗乘》曾记载一个有趣的典故，是关于他的："心亭不甚读书，每令人诵书于侧，坦腹听之，鼾睡如雷。偶误一字辄惊寤曰：'误矣！'"心亭者，孟氏字也。

孟乔芳不常读书，却爱听书，貌似心不在焉、鼾睡如雷，却能突然提醒师爷读错了字。

是真如其字用心洞察身外动静，还是假寐用鼾声障人眼、乱人耳？那只有孟氏心里明白。虽然皇太极、多尔衮对他很倚重，但他这个关外的职业军人毕竟是降将。

他虽然躲过了阿敏的屠刀，但他害怕还有更多的阿敏的屠刀！

他是一个明白人，善于远离皇权中心的争斗！否则，纵然他小心翼翼，多建政绩，又怎能穿梭于皇太极、多尔衮及顺治帝权力纠葛的暗流中，左右逢源，进退有据？

4

明清之际的陕西三边总督不好当。

它的辖区大、职权重。《明史·职官志二》记载："总督陕西三边军务一员。弘治十年，火筛入寇，议遣重臣总督陕西、甘肃、延绥、宁夏军务，乃起左都御史王越任之。十五年以后，或设或罢。至嘉靖四年始定设，初称提督军务。七年改为总制。十九年避制字，改为总督，开府固原，防秋驻花马池。"

这个总督是朝廷驻守西北的最高官员，管理陕西、延绥、宁夏、甘肃四巡抚及延绥（榆林）、宁夏、甘肃三边镇，节制甘州、凉州、甘肃、西宁、宁夏、延绥、神道岭、兴安、固原九总兵。

这个总督当得好不好，关系着王朝西北战区的稳定。

明末总督三边军务的杨鹤，因为招抚义军绥靖失败而锒铛下狱。顺治朝经略大学士洪承畴，也在此任上与狂飙突进的高迎祥、张献忠、李自成血战了好几年。

陕西是李自成的大本营，南面为张献忠在四川的大西政权。多尔衮先后派出豫亲王多铎、肃亲王豪格、英亲王阿济格以及定西大将军何洛会等多路大军，一路追逐。但打下来的疆域需要有能力、有智慧、有策略的官员进行有效管理。

孟乔芳作为新来的清朝在秦地的首任总督，受命重建这一片还有不少义军活跃的西北边陲动荡之地。这虽然比直接领兵冲锋陷阵少了流血的危险，但他仍是接了一份攸关性命的苦差事。

他作为一个不满明朝而投清的降将，在明清鼎革之际主政西北，是满洲统治者的高度信任。清朝的总督，既管民政，又掌军务，大权在握，是真正的封疆大吏。

陕西素来就是兵家必争之地。除了新来的清朝政权势力，还有明朝残余势力和农民起义军在争夺该地区的统治权。

如何确立清王朝在西北统治地位，竭力使汉族及其他民族接受满族统治承继中原王朝正朔，承认这种统治的合法性和合理性，是孟乔芳莅任所要面临的难题。

孟乔芳除了为前线提供粮草外，还有一个重大的政治任务，即重建已严重破坏的社会秩序，维护依旧混乱的社会治安。

处理不好，会激化更大的民变。他纵然想建功立业，稍有不慎或胶柱鼓瑟，难免被议罪论死，身败名裂。

虽然明朝在西北的统治，早已在长期的农民运动中摇摇欲坠，但清军入关后迅猛发展，又使部分前明官员、军方势力及农民义军，很不情愿接受外来的满族统治。他们试图继续维护名实皆亡的明朝统治。

长安百姓胡守龙等率先造印起义，丝毫不给这位大清朝派出的新总督情面。好在孟氏有刑狱经验，也有征战经历，立马诉诸武力镇压，派出副将擒斩之。

孟乔芳督秦不蛮拼，及时申请清廷在陕西颁布恩诏，严禁晚明以来历任官员推行的苛捐杂税、横征暴敛，加大对明朝残余势力和李自成旧部的招抚工作。

在他的努力下，招抚收到显著效果，三边四镇八府的文武官绅大多进表投降。

为了不使还很虚弱的统治在风雨飘摇中夭折，孟乔芳还及时在南线布置有效兵力，设置巡抚衙门，以防止张献忠向北袭扰。

无疑，他在战乱时代履行着保境安民的职责，是殚精竭虑，也是如履薄冰。

李自成余部继续抗击官兵，拥立明宗室的地方军官起义，此起彼伏，在宁夏、甘肃等地不断挑战他的维稳底线。孟乔芳先后擒获一朵云、马上飞等义军头目。

顺治五年，原为明朝驻防甘州军官米喇印，素有勇略，在清朝统一甘肃后，任甘肃巡抚张文衡标下副将，驻守甘州。清廷推行剃发令，严令军中剃发自军官始。米喇印对清廷的民族压迫政策深为愤怒，于是利用剃发令激发甘肃降清各族将士的不满，以及清廷再次调遣甘州兵前往四川清剿残留的大西军，引发军心浮动，与从明朝一起过来的老战友丁国栋，拥立前明皇室朱识𨨏为延长王，打出了反清复明的旗号，设计诱杀张文衡、刘良臣等，占据甘州，集结十万，号称百万。

面对这样一股巨大的反抗势力,孟乔芳调兵遣将,身先士卒,兵分三路,成功擒杀丁国栋、米喇印等造反兵士,果断地平息了这场即将扩大化的战乱。

战乱,有着不同的政治信仰,有着各自的利益寻求,有着诸多的矛盾症结,但祸害的还是百姓生命。

孟乔芳带着效忠新朝的使命而来,有镇压,有杀戮,有铁腕,有妥协,但他考虑的还是如何重建断裂了几十年的社会秩序和人民生活。

5

封疆陕西的孟乔芳,不但在辖区颇有建树,而且及时对邻省施以援手。

顺治五年八月,大同总兵姜瓖得知多铎病故、多尔衮染病,降而复叛,起义归南明,以割辫为标志,遵用永历正朔。多尔衮亲自带军征讨,再次对姜瓖进行劝降,希望他能悔罪归诚,仍将"照旧恩养"。

第二年八月,姜瓖被部将杨振威斩杀献降后,忠于他的部将虞胤、韩昭宣等纠集三十余万人攻打蒲州、临晋等地,孟乔芳与户部侍郎额色率兵赴山西围剿,获胜而归。

在接下来的几年此起彼伏的小型战争中,他都是指挥有度，屡有斩获，多建军功。

顺治九年八月，世祖特派人召他进京入觐，先加其兵部尚书衔，晋世职一等轻车都尉，继而在朝堂上加其太子太保，晋爵三等男。

一回两恩诏，两次加官晋爵，还命他以陕西总督兼督四川兵马粮饷。这是顺治帝对他的特别重视。

在清初民族征服和民族压迫的关键时期，孟乔芳以招抚、征伐、劝降、平叛等多种手段，将西北地区收入版图，稳定西北政局，并通过招徕流散百姓、蠲免赋税和发展屯田等举措，稳定社会秩序，巩固了清朝在西北政权。

这样一位军政两手抓的封疆大吏，最后以清廉和刚正的形象，留在了历史上。

他病逝近三十年后，即康熙二十一年九月，圣祖给新任福建将军佟国瑶特谕告诫："昔孟乔芳总督陕西、李率泰总督福建时，能洁己奉公，爱民恤士，秦闽人至今思之。"（《清圣祖实录》卷一百零四，康熙二十一年九月己酉）

李率泰为康熙帝堂表兄——娶了康熙帝堂姑的降将李永芳次子，官至弘文院大学士、两广总督、闽浙总督，康熙五年病逝于任上。康熙帝以他为督抚楷模，无可厚非。但康熙帝却将贰臣出身的孟乔芳，排在李大学士之前，除了因其死于顺治中期外，还有对孟氏之功、之正、之廉的特别推崇。

雍正帝继位后，推翻了不少康熙帝的政策和法令，但他建成京师贤良祠后，特将康熙帝盛赞的孟乔芳作为优秀总督入祀其中。

刘廷玑在《在园杂志》卷二中对他极口颂扬："陕川总制大司马孟公乔芳为开国元勋，亦清廉第一。"

《清史稿》评价孟乔芳抚绥陇西，在当日疆臣中树绩最烈，"太宗拔用诸降将，从入关、出领方面，乔芳绩最显"。

成绩显著为最，孟乔芳于故国蒙尘见弃，而在新朝披肝沥胆，虽在气节上有污点，但在治境卫民上还是有不少作为的。

帝王心术很难猜。大臣们少不了千番猜万种想，孟乔芳不管猜得中猜不中，如履薄冰做好分内事，那才叫聪明，或曰智慧。

孟乔芳以一前明降将的身份，成为清朝首任西北总督，既管军又管民，却被满洲统治者放心地委以重任。他以成功的地方主政，以实绩赢得了多尔衮和顺、康、雍三任帝位的点赞。

如果单论他屈节而追名逐利，那有失偏颇。如果从他这个个案上分析，可以透视明王朝最后内部形形色色的争权夺利，错失了不少像孟乔芳这样的干臣廉吏，不能有效给予发挥的机会，而导致最后的大败局。

张存仁：不能寒了廉官能吏的心

1

1644年，崇祯帝上吊后，清军能够顺利战胜数倍于己的李自成的大顺军、张献忠的大西军和前明遗老撑起的南明军，明朝投降过去的贰臣，起到了关键作用。

也是这一批贰臣降将，在征战中迅速转换角色，由军事官员管理地方，为建立清朝新政权，再次出力。

《清史稿》卷二百三十七记载："孟乔芳抚绥陇西，在当日疆臣中树绩最烈。张存仁通达公方，洞达政本。二人皆明将。明世武臣，未有改文秩任节钺者，而二人建树顾如此。资格固不足以限人欤，抑所遭之时异也？"

孟乔芳是皇太极于天聪四年永平之战中收服的明朝退伍军官。而张存仁是祖大寿第一次降清送给皇太极的在编副将。

天聪五年十月,皇太极发起大凌河之战。祖大寿在城中导演一出将领杀食士卒的悲剧后,不堪外部重围和内部压力,派长子祖泽润给皇太极写信:如果大汗要征服天下,我等甘心相助。

谈判来来回回,目的就是一个:降,是怎样的降法。

皇太极就是要逼降祖大寿。

而祖大寿的算盘如何呢?

祖大寿提出:我投降了可以,但须防范锦州的追击,你皇太极得先解决这个问题。

皇太极的特使、副将石廷柱给祖大寿传话:"尔等欲定计取锦州,可遣大员来议论。"(《清太宗实录》卷十,天聪五年十月丙寅)

祖大寿派副将祖可法、张存仁等出城和谈,表明态度:如果后金立即做好攻打锦州的计划,他祖大寿便率部归降。否则,再多的劝降也无益处。

锦州曾是祖大寿战胜皇太极的荣耀,如今成为双方博弈的关节点。

石廷柱传达皇太极的指令:我既然招降你们,再进攻锦州,恐怕我兵过分劳累,是没有准备充足就攻打锦州。你们投降后,对锦州是以武力强攻,还是以谋略智取,都任你们决定。

动之以情还不如威之以力，皇太极的命令话锋一转：倘若你们一定要我先解决锦州，而自己固守城中，那么我只有继续派兵将大凌河城围死。

祖大寿想以锦州分离皇太极的兵力不成，担心激怒皇太极不再和谈，继续重围使他身历目睹的人吃人的悲剧越闹越大，于是给皇太极写信，信誓旦旦地说："我降志已决。至汗之待我，或杀或留，我降后，或逃或判，俱当誓诸天地。"（《清太宗实录》卷十，天聪五年十月丙寅）

祖大寿无可奈何了，只好派遣一名中军送信给石廷柱，约定投降的时间和方式，以及攻取锦州的计划。

第二天清晨，祖大寿拿下坚决不降的第一副将何可纲，派二人押解至后金营前杀之。

何可纲颜色不变，不出一言，含笑而死。

城内饥饿的将士争取其肉。

刚毅之士，慷慨赴死，惨遭分食，何其惨厉。

明军饥饿到了这样一个疯狂的境地，祖大寿纵然不降，内部的相互残杀也会彻底拖垮明军。

何可纲虽为副将，但他曾深得袁崇焕重用，为袁氏第二次督师辽东时的征战"三驾马车"之一。袁崇焕虽然此前倚重蒙古人满桂的拼杀，以及探索实践用辽人守辽土、凭坚城用大炮等战略战术，打赢了对抗后金天命汗努尔哈赤亲率大军来攻的宁远一役，他也曾向朝廷奏报满桂"谋潜九地，勇冠万夫"（《明熹宗实录》卷七十，天启六年四月己亥），但很快将帅不和，袁崇焕上疏弹劾满桂种种不是，迫使朝廷将满桂调离辽东。崇祯帝即位，袁氏复出，经略辽东，提出五年恢复辽东计划，重点谈及祖大寿、何可纲与赵率教堪当大任，并说："臣自期五年，专借此三人，当与臣相终始。"（《明史·袁崇焕传》）

何可纲曾被论功加太子太保，由右都督晋左都督，品级不比祖大寿低，但在祖大寿第一次降清时成为血色祭品。

袁督师麾下"三杰"，赵率教战死于己巳之变的遵化城外，何可纲屈死在祖大寿出城投降时，少不了让祖大寿内心煎熬。

祖大寿又忸怩作态，派出四员副将、两员游击，作为他的代表出城，同皇太极及诸贝勒对天盟誓。

盟誓上写道："明总兵官祖大寿，副将刘天禄、张存仁……今率大凌河城内官员兵民归降，凡此归降将士，如诳诱诛戮，及得其户口之后，复离析其妻子，分散其财物、牲畜。天地降谴，夺吾纪算。若归降将士，怀欺挟诈，或逃或叛，有异心者，天地亦降之谴，夺其纪算，显罹国法。"（《清太宗实录》卷十，天聪五年十月丙寅）

佛家有云，凡人有过，大则夺纪，小则夺算。

夺纪夺算，即夺除寿命也。

祖大寿发如此毒誓，无疑想让皇太极看到他死忠的决心。他记得一年前阿敏在永平杀降！

祖大寿在献城投降后来见皇太极。皇太极出帐迎接，免其跪见，行抱见礼，金卮酌酒以敬，赐予御用之物，如御服、黑狐帽、貂裘之类，待以最高礼节。

皇太极给足了祖大寿面子，老祖很快献计去招降锦州旧部，结果玩了一招金蝉脱壳。

其实祖大寿在和谈中，一直在阴谋玩这一招，一是要皇太极先解决锦州，想趁机全力突围，二是让人代为宣誓妄图置身度外，躲过天谴。

祖大寿成功返回明营，背弃了几重毒誓，却留下了诸多子侄和一万多名将士作为人质，也给皇太极留下了一支很有作战经验的大明精锐。他的儿子祖泽润、祖泽溥、祖泽洪，义子祖可法，副将张存仁、刘良臣等，都留在了后金。皇太极没有因为祖大寿的背弃盟约而处罚他们，而是让他们继续统领旧属，带着赎罪感成为效力于清朝政权的死忠分子。

美国历史学家魏斐德在《洪业：清朝开国史》中说："大凌河降官几乎都是世代为明朝效力辽阳土著边民。他们是职业军人，严格遵守维护个人荣誉的生活准则。自从他们决定归顺后金之后,便成了金汗麾下极为忠诚和自豪的追随者。"

2

辽阳人张存仁最初是祖大寿的心腹大将,在祖大寿麾下,仅次于何可纲。皇太极劝降书上,都是写着"祖大寿、何可纲、张存仁",或曰"致书祖、何、张、窦四大将军"。(《清太宗实录》卷十,天聪五年十月丁未、己酉)

祖大寿命他和祖可法一同,作为谈判代表,与十一年前在广宁之战中向努尔哈赤投降的前明广宁守备石廷柱等进行和谈。

石廷柱本为女真人,姓瓜尔佳氏,其曾祖和祖父曾任建州左卫指挥,谈判时他已是皇太极的副将,也算是特使。

石廷柱前往受降,不知祖大寿暗藏一手。

皇太极隆遇厚赏,不敌祖大寿虚晃一诺。

祖大寿走后,皇太极仍授张存仁为副将。

如果祖大寿不走,或许张存仁只能屈居其下。但祖大寿确实走了,他的副将集群直接各当一面。张存仁很快崭露头角,天聪六年上疏皇太极请求趁机进取辽东,得到了新主子的赏识和器重。

崇德元年五月,皇太极仿效明制设置都察院,并下谕都察院诸臣:"尔等身任宪臣,职司谏诤。朕躬有过,或奢侈无度,或误谴功臣,或逸乐游畋不理政务,或荒耽酒色不勤国事,或废弃忠良、信任奸佞,及陟有过、黜有功,俱当直谏无隐。"(《清太宗实录》卷二十九,崇德元年五月丁巳)

皇太极设立都察院,是学了明朝的官制,但又将原本是独立监察机构、掌管稽察六部及其他衙署的六科给事中,一并纳入都察院,结束了唐朝以来监察机关台谏并列的局面,却以一个更庞大、更专业、更直接的监察机构维护皇权。

皇太极要给自己设置一群监督的挑刺者。不论这是他真心设想还是做个障眼幌子,但也是君临天下需要谏臣和诤臣的一种宣示。

大度无疆是一种情怀,也是一种胸怀。

需要质疑是一种态度,更是一种境界。

敢于死谏的魏徵常有之,而从谏如流的李世民不常有。

这位著名的清太宗与唐太宗虽相距千年,但对待臣下的态度,倒是有几分相似。只是,皇太极晚年励精图治,但李世民醉迷歌颂。

诸臣不敢指摘皇太极的偏执,但得肩负皇太极同时赋予的另外一个使命。

皇太极需要他们监督诸王公、贝勒、大臣,如果他们不勤于政事,贪酒好色,喜好游乐,索取百姓财物,强夺民女，或者朝会不敬重，服饰违制，不迎合圣意而托病偷安，不入朝和不正常工作的，礼部应进行稽查。都察院就是背后一把利剑。

如果礼部循私情隐瞒不报，都察院官员就得察奏。

六部断事有失公正和错误的，事情未认真办理结束而欺骗上报已办理完毕的，都察院也应当进行稽查并向皇太极报告。

这是已改元称帝的皇太极加强皇权的又一个政治大事件。

天聪六年正月，皇太极废除与三大贝勒俱南面坐、共理朝政的旧制，改为自己"南面独坐"突出汗位独尊地位，清洗了威胁汗位的三大贝勒势力。

天聪十年六月，皇太极改文馆为内三院，继而仿明制设六部，停止亲王、贝勒领部院事，命诸院部直接对其负责，使之独主政务。

都察院的出现，就是皇太极监察三院六部以及诸王公贝勒、文武百官的特殊机关，以全面强化和监督执行皇太极独裁专制的政治纪律和政治规矩。

都察院初设承政一人，左右参政各两人。张存仁受命成为这个新设的国家权力机关的第一负责人，被授予一等男世职。

皇太极下令，都察院长官班次在六部之上。

张存仁受此重任，甚是惶恐，于是说：我自投效以来，默默观察满朝文武是非贤明、政事得失，但不敢站出来妄论一二。现在皇上创立都察院，命我出任承政。我要是正直，我的属下官员正直必然超过我；我要是邪佞，我的属下官员邪佞也必有甚于我。如果我按着自己心思行事，别人不敢弹劾的而我弹劾之，别人不敢改变的而我改变之，那么举国上下必然对我群起而攻之，使我于上无以报主恩，于下无以伸己志，那么我之获罪百身莫赎。

他知道自己要怎么做好监察官员的表率，也知道面对着多大的困难："臣虽愚，岂不知随众然诺，其事甚易；发奸摘伏，其事甚难。诚见不如此，不足以尽职。"（《清史稿·张存仁传》）

他有心做好这份苦差事，于是做一个严于律己的表态：

一、如果他苟且塞责，畏首畏尾，那么皇太极可以负君之罪杀了他。

二、如果他假公行私，瞻顾情面，那么皇太极可以欺君之罪杀了他。

三、如果他贪财受贿，私家利己，那么皇太极可以贪婪之罪杀了他。

张氏很智慧，也很理智，"敢于受任之始，沥诚以请"，宣示自己要以身作则、垂范满朝，同时也因自己职掌风宪，位高权重，必须得到皇帝的信任和支持：如果他没有违背自己的宣誓，一旦有奸邪小人诬陷他，那就需要皇帝辨别是非、乾纲独断、严惩嫉妒侵害。

皇太极表态：我知道你是说了真心话！我素来不听逸言，只有亲眼看到才会相信。我决心要设置专门机构监察王公大臣，那么诸臣必须认真遵守，纵有奸邪，看谁还敢兜售其阴谋诡计？

为了组建成一支强有力、无死角、无特区的监察队伍，皇太极又以阿什达尔汉为都察院满承政，尼堪为蒙古承政，并增置祖可法为汉承政。

崇德三年秋七月，大学士范文程、希福、刚林等鉴于六部及都察院、理藩院满洲、蒙古、汉人承政，每衙门各三四人，政见不一，容易纷争，奏请每衙门只设一个满洲承政，其他皆为参政。于是，清廷更定官制，皇太极重新任命其远房的舅舅阿什达尔汉为都察院承政，祖可法和张存仁同为右参政。

张存仁虽然职位有所调降，但不改其仕清的态度和忠诚。

3

崇德五年正月，张存仁和祖可法联袂向皇太极提出建议，利用强大的兵力向明朝发起进攻，期待皇太极提前制定战略思想，"攻心为上，不角力而角智，勿取物而取城，则直捣燕京，割据河北"（《清太宗实录》卷五十，崇德五年正月壬申）。

这两个著名的投降派，不像祖大寿那样虚与委蛇，而是死心塌地地为皇太极卖力。

他们力劝新主子攻打故国，还为如何拿下明朝倚为生命堡垒的宁锦防线献计献策："我兵屯驻广宁，逼临宁锦门户，使彼耕种自废，难以图存，锦州必撤守而回宁远，宁远必撤守而回山海。"（《清太宗实录》卷五十，崇德五年正月壬申）

他们美其名曰"此剪重枝伐美树之著也"，就是要将他们驻守在锦州的故主祖大寿，逼入投降或死战的境地。

不容否认，最初在大凌河之战，已至绝境的祖大寿派他们同皇太极和谈，继而代主发表毒誓，结果带着他们投降后又偷偷逃跑，无疑会让张存仁、祖可法痛恨不已：一恨祖大寿把投降的主张强加给了他们，二恨祖大寿让他们背负着毒誓的履行者，三恨祖大寿将他们逼进了金蝉脱壳后的生死门，四恨祖大寿带他们做了叛国者还给自己背负骂名。

投降者一旦泄恨报复就是极其可怕的！

张存仁给皇太极打报告说：祖大寿因为背弃您给的恩惠、丧失对您的誓约，所以人们都会认为他无颜再降。但我知道他本来就是毫无定见之人，一旦情势危急，他就会自缚求取活命。

曾经的主公，被曾经的心腹说得一文不值。是知根知底，是积怨怀恨，是尽忠新主出卖旧主，是实心投效大义灭亲。

为了彻底击垮祖大寿，张存仁建议皇太极釜底抽薪，从策略上对祖大寿给予致命一击：祖大寿所凭借的，就是蒙古诸部落的支援。今蒙古人大多仰慕您的圣化前来归服，祖大寿必然怀疑而防范他们，如果祖大寿防范越严则蒙古人越想离弃他，离开就是变化。我诚恳地希望皇上以屯粮为务，布谕蒙古，多派间谍，再以所擒土人纵之招抚，这样只会使蒙古部落相率来归。

此招一出，既让祖大寿变成孤立无援，又使大明朝失去战略联盟。

一箭双雕。

所以，张氏踌躇满志地说"此攻心之策，得人得地之术"（《清太宗实录》卷五十，崇德五年正月壬申）。

他曾身历目睹祖大寿在大凌河城内的八十二天里，陷身

055

于人吃人的恶性境况中的痛苦，于是献策逼迫祖大寿在锦州城重演一场惨无人道、灭绝人性的人类悲剧。

果然奏效。

皇太极到义州视察，蒙古多罗特部首领苏班岱等请求归降，郑亲王济尔哈朗等率军一千五百人前去迎接。祖大寿获悉清军人少，命令游击戴明与松山总兵吴三桂、杏山总兵刘周智合兵七千人出击，却被济尔哈朗等假装逃跑，纵兵反击，大败之。

皇太极此前虽然寄书祖大寿：我和将军分别数载，很想一见。至于去留，我不勉强。如果将军还想与我较量，尽显为将之道应对。朕不以此介意，亦愿将军勿疑。

一旦祖大寿主动交战，偷袭失败，皇太极仍命睿亲王多尔衮和济尔哈朗等带兵轮番攻锦州。

第二年三月，皇太极再次发兵围攻锦州。明蓟辽总督洪承畴率吴三桂等八总兵领兵十三万来援，驻扎在松山。皇太极亲率军队切断明军粮道，明军大乱。清军趁势掩杀，总督洪承畴等被围于松山。被围困了整整一年的祖大寿，在锦州城里再次粮绝援尽，再次经历杀人相食的惨状，于是亲率部众开城出降。

祖大寿再次降清时，他的顶头上司洪承畴就在此前不久，也被俘，解送盛京。

皇长子豪格见其拒不归顺，决定将其就地斩首，是张存仁和范文程极力谏阻，联合设计以皇太极一招脱衣送暖的美男计，拿下了这个贰臣。

张存仁等说：只要屈服了洪承畴，他就是一个难得的忠臣和大才！

计赚祖大寿和洪承畴的张存仁，接着向皇太极出主意，要利用松锦城破、洪祖俘降大做文章，以"逆者必杀，顺者必生"（《清史列传·张存仁传》）的政策，招降宁远总兵吴三桂。

他认为吴三桂进退失据，持观望的态度。

于是，皇太极命张存仁等给吴三桂写劝降信，晓之以理，威之以力，动之以情。

张存仁在信上写道：明朝气运已尽，救锦州之围而导致松、杏二城被困，"守一城而三城失，重臣大帅被俘归降"。吴将军是祖大寿的外甥，你舅舅既已降清，你难逃朝廷的追责，很难表明忠诚的心迹。明朝大厦将倾，你也是一木难支，纵然苟延岁月，但智竭力穷，最终也要重蹈你舅父覆辙。不如现在就投降，还能在大清获取勋名。

此时的吴三桂，看完此信，表达出了更大的愤怒：他要做崇祯帝的忠臣，砍下祖大寿、张存仁的脑袋以报天恩，但心里还是激荡起不少波澜。

吴氏对明帝慷慨激昂欲复仇，挡不住张氏被清帝叙功论赏升高位。

4

顺治元年，镶蓝旗汉军副都统张存仁随镶红旗都统叶臣招抚山西，占二十七州，一百四十一县，攻克太原城。继而，张存仁又随豫亲王多铎攻打河南、江南，并率部展开炮战，屡立战功。

摄政睿亲王统兵入关，张存仁联合祖可法，以都察院参政之名，提交一份特殊的建议："盖京师为天下之根本，兆民所瞻望而取则者也。京师理，则天下不烦挞伐。而近悦远来，率从恐从矣。然致治亦无异术，在于得人而已。臣等所虑者，吏兵二部，任事不实，仍蹈汉习，互相推诿，任用匪人，贻误非小。今地广事繁，非一人所能理。安内攘外，非一才所能任。宜将内院通达治理之人，暂摄吏兵二部事务。"（《清世祖实录》卷五，顺治元年五月己亥）

他们在给多尔衮敲警钟！他们希望多尔衮约束满洲勋贵和八旗将士，不要步了放任手下四处劫掠而遭京师百姓仇恨唾弃的李闯的后尘。当然，他们也寄望多尔衮迅速组建人事、军事管理团队，推动大清由割据一方的地方政权向定鼎天下的全国政权转型。作为曾经太宗倚重的监察长官，他们也想分一杯羹。

多尔衮虽然赞同他们的建议，但并不执行。多尔衮有自己的想法，他要让天下人看到，他这位摄政睿亲王兼奉命大将军掌控全局、燮理巨细的高强能力。他这不是沐猴而冠，而是对失落帝位的不甘，所以他要证明自己的实力，而且威慑所有的反对者。即便大学士们向他讨要部分执政权力时，他也是一百个不情愿。

多尔衮不需要张存仁的监督，而要对他进行有效的驱使。

顺治二年，贝勒博洛与多铎分兵后，攻克常州、苏州、杭州，隶属博洛的张存仁授命管浙江总督事务。

杭州居民逃避剃发令，几乎空城，于是张存仁召集绅士推出招抚政策。他上书摄政睿亲王，请求开科取士，薄赋劝农，保境安民。

这个曾经为征战出谋划策的起起武夫，到了地方执政还是心里装着百姓。张存仁虽然亏节仕清，但他对于国家而言还是极其忠诚的。这样的两面人生，是明清之际许多为了实现政治理想而淡化民族气节的贰臣都具有的。他们可能为了一时利益，而被迫选择苟且的生存，但他们却始终保持着一种不无坚定的政治选择。

行伍出身的他既然选择了忠事清朝，内心深处似乎不再有道义上的不安，而是以一种推动新朝政治改革和国家统一的英雄主义，成为了自己的另一种理想。

顺治二年十一月，张存仁以兵部右侍郎兼都察院右副都御史，总督浙江、福建。兵部和都察院的官职，皆为兼职，他的实职为封疆总督。

他成为清朝乃至中国历史上第一个闽浙总督。

他的辖区仍是南明主要的势力范围，明唐王朱聿键在福州称帝建立隆武政权，鲁王朱以海在绍兴称监国鲁政权，福王旧部马士英等纠集兵马攻打杭州。面对纷争而争正统的南明政权，张存仁都是竭尽全力、不惧艰险地维护社会的稳定。

封疆闽浙的张存仁，虽然治绩不菲，但仍有作为前明降将的道义上不安，故而多次乞求病休，都未真正卸职。顺治六年八月，已被朝廷批准病休的张存仁，又被起授兵部尚书兼右副都御史，总督直隶、山东、河南三行省，巡抚保定诸府，提督紫金诸关，兼领海防。

三年后，张存仁去世，受赠太子太保，谥忠勤，命直隶、山东、河南、浙江、福建五行省祭祀。他的猝然而逝，在浙江多次告病，看来也是实情，而他入祀五省名宦祠，该是治绩出众。

顺治七年，朝廷通知总督、巡抚和按察使考核官员文化水平。张存仁反其道而行之，规定：清廉的干吏只要有点文化的都注明上报，而那些不清廉的庸官文学水平再好也要排在后面。监察人员不解，张存仁说："我武臣也，上命我校文，我第考实，文有伪，实难欺也。况诸守令多从龙之士，未尝教之，遽以文艺校短长，不寒廉能吏心乎？"（《清史稿·张存仁传》）

张存仁自定了一个新标准：考察执政的工作实绩，而不要文采飞扬的修饰。

他旗帜鲜明地说：文字可以造假，但实绩不能作伪。何况各府县的官吏很多都是拼军功而升迁的，没有多少学问。如果仅凭文才论高低，那就会使廉能的官吏寒心！

顺治帝少年老成，有一定的政治建树，但因喜好文艺而放纵了陈名夏、刘正宗等学霸型权臣明争暗斗。而类似张存仁的实干型贰臣，即便大节有亏不具备元勋忠烈的资格，但他们在工作上洁己奉公、实干进取，仍不失为历史拐点处的光亮。

乌头宰相魏裔介

1

有清一代的大学士中，魏裔介是一个很具代表性的典型人物。

他入阁辅政时，年近五十，须发皆黑，人称"乌头宰相"。他是清朝唯一的先为谏臣、后升宰辅、历职长久之人。他条陈时事，涉及国计、民生、吏治、军事、文化，二百多条，"敢言第一"。清初"诸大典"多依其"奏议所定"。

史家说"清初相业，无出其右者"，他却懂得激流勇退，退居乡野，家居十六年，扑下身子干农活，人们不知其为老宰相。

他去世几十年后，雍正帝将其入祀贤良祠，乾隆帝追谥他为文毅公。

他在一首和朋友的诗中写道:"三代尚存惟我辈,百年独步见斯人。"能长达数十年地做一棵政坛常青树,若非为官清廉、刚直不阿且知道舍得,是做不到的。他说:"高隐从来思济世,殷勤属我作良臣。"(《和纪伯紫》)

2

魏裔介生于明万历四十四年(1616),直隶柏乡人。他在顺治三年(1646)考中进士,由庶吉士授工部给事中。此后,除被派出山西做过一次乡试正考官外,他一直在中央政府工作,积极发挥着科道言官的监督作用。

他人微言轻时,敢于请求朝廷发文赈济灾民,严防地方官员中饱私囊、隐瞒诓骗。

同时,他又是一个不畏权贵、直言不讳的直臣。

顺治三年,摄政睿亲王鉴于多铎率师攻占南京,强推剃头令激起了江南人民的反抗,急授太子太保、兵部尚书兼都察院右都御史洪承畴为"招抚江南各省总督军务大学士",敕赐便宜行事。洪承畴派总兵黄鼎领进入六安州商麻山找到逃亡的张缙彦,并向多尔衮极力推荐这位老熟人、崇祯皇帝最后一任兵部尚书。

按多尔衮拉拢前明官员的政策,张缙彦可以明朝原衔出任朝廷要员。洪承畴力保他，河南巡抚吴景道也援引相关政策举荐他，但吏科给事中魏裔介说不可以。

魏裔介给多尔衮写报告，说："缙彦在明朝，身任中枢，自流贼李自成逼北京，匿而不报，有卢杞、贾似道之奸，而庸劣过之。若复列朝班，恐贻羞士类。"（《清史列传·魏裔介传》）张缙彦执掌明朝兵部，李自成大军压境，他不但不部署防御兵力，而且私通李闯里应外合。李自成兵败退出北京，张缙彦逃回老家，向南明政权骗说自聚义军，虚功冒赏，受封兵部尚书兼总督河北、山西、河南军务。清军过境时，他主动跑去投降，却隐瞒身份，纸包不住火，他闻讯后又逃。

魏裔介对这种政治上无作为、气节上无原则、道德上无底线的文人，耻与同伍。清军入主中原，多尔衮争取怀有儒家政治理想的士大夫合作，怕引发朝野汹汹，故将张缙彦闲置。多尔衮死后，顺治帝亲政，才任命张缙彦先后做山东右布政使、工部右侍郎、浙江左布政使，并没按既定的前明官员原职任命的特殊政策来。

魏裔介很厌恶张缙彦。顺治十七年六月，已执掌都察院左都御史的魏裔介弹劾顺治帝的大宠臣、文华殿大学士刘正宗，再一次牵出张缙彦，说他与刘是莫逆之交，为刘的诗集写序，"称以将明之才，词诡谲而叵测"（《清史列传·张缙彦传》)。

"将明之才"，本是张缙彦借《诗经》"肃肃王命，仲山甫将之；邦国若否，仲山甫明之"语，奉承刘正宗奉行君王命令，明察辅政，却被魏裔介反其意而用之，说他有反清复明之嫌。

张缙彦溢美的阿谀，成了刘正宗异心的罪证。

刘正宗本可以解释清楚，但心里似乎有鬼，在清廷大兴文字狱、严防世人对其正统性质疑和反抗的情势下，即便顺治帝再三给机会，也不辩白，反而咆哮朝堂。

诸王大臣会审后报告：魏裔介等所弹劾刘正宗的罪行，经调查考讯坐实十一条……关于张缙彦称刘正宗有"将明之才"等语，夸刘之才可将助前明，而刘则欣然接受不加驳斥，以此推想刘、张预谋反清复明理所当然，按律应判处绞刑。

正为董鄂妃病重极度哀戚的顺治帝，对刘正宗网开一面，从宽免死，家产之半入旗，不许回籍。但对张缙彦，顺治帝下旨没收家产，流放宁古塔，永不叙用。

3

魏裔介还未任职都察院时，曾做兵科都给事中，先后参倒剿抚孙可望不力的湖南将军、第二任续顺公沈永忠，以及督战对抗郑成功却失漳州的福建提督杨名高。

论品秩，福建提督杨名高为从一品，沈永忠的湖南将军也是从一品，同时是袭封的公爵，位列极品。魏裔介虽只是正五品的给事中，不再像明朝那样司封驳之事，属清望之官，但因他的秉公直言，监察成绩卓著，很快被升为左副都御史。

不久，他弹劾弘文院大学士陈之遴心术不正，营私植党，"当皇上诘问时，不自言其结党之私，力图洗涤，以成善类，而但云'才疏学浅，不能报称'，其良心已昧"（《清史列传·陈之遴传》）。顺治帝有意善待陈之遴，没有接受部议"革职，永不叙用"，将其以原官发配到辽阳居住。两年后，陈之遴因贿赂顺治帝信任的太监吴良辅，被顺治帝以"不知痛改前非，以图报效，又行贿赂，结交内奸，大干法纪"，下诏革职，抄没家产，并将其全家流放辽东。他后来死于辽东尚阳堡。

魏裔介升任左都御史，成为了顺治帝的新宠，即便对部下徇私监管不力，但对他从宽留任，加太子太保。他很清醒，主动做自我批评，虽被削去荣誉虚衔，但得以继续主持都察院工作，故而给了他后来成功弹劾大学士刘正宗、成克巩的机会。

康熙帝即位之初，四大臣辅政，魏裔介任吏部尚书。康熙三年，内秘书院大学士孙廷铨称"以父母年老，解职归养，闭户却扫，不与外事"（《清史稿·孙廷铨传》），魏裔介接任，入参机务，总裁纂修《世祖实录》。孙廷铨是不想陷身四辅臣与康熙帝权斗旋涡，主动请辞，但魏裔介身居要职，却作为不大，看来他是左右逢源，进退有据。他没有依附四辅臣中的哪一位，在鳌拜权势炙热时不登门拜访，从而博得了坐在龙椅上少年老成的康熙帝好感。

4

康熙帝真正亲政后，将班布尔善处死，内三院之首的内秘书院大学士为巴泰和魏裔介二人。康熙九年三月，改内三院为殿阁，魏裔介为保和殿大学士。有人说保和殿为诸殿阁之首。然而那是乾隆十三年（1748）为了尊崇傅恒为领班大学士而正式确定的事情，乾隆三十五年傅恒死后，没有再设。魏裔介职事保和殿时，中和殿大学士为图海和巴泰，康熙二十年，图海病逝，不再设此职。

让魏裔介没有想到的是，康熙九年以其任会试正考官，会同吏、礼二部遴选新进士六十人，给他们分等级。御史李之芳举报魏裔介所定的上等二十四人是他暗中派家奴通风报信、招摇受贿产生的。

李之芳还说，魏裔介擅改任命其兄为运使的敕书，让他统辖知府，并使其子蒙混得到荫护的指标。此外，魏裔介与班布尔善关系亲近，互惠互利。

魏裔介反驳，他都是按规章制度来的，不存在假公济私，完全是李之芳的诬陷。魏裔介说，李之芳是刘正宗的同乡，是想为十年前的刘正宗一案进行报复。

双方争执不止，康熙帝派人详查，发现各有隐情，魏裔介存在没按制度得荫的问题，李之芳揭发也是事出有因。

魏裔介引咎辞职，康熙帝做了从宽处理，不对他削级罚俸。第二年，魏氏以老病请辞，得到了批准，康熙帝对他给予了较高的评价，说他"才品优长，简任机务，正资赞理"（《清史列传·魏裔介传》），希望他病好后回来复职。魏氏死后，康熙帝按惯例赐祭葬，但没给谥号，直至乾隆元年才对他追谥。这是很有蹊跷的！

帝王心术不好说，政坛就是一盘棋。此时操控棋局者，正是擅权自专的康熙帝。

有人说，魏裔介是功成身退。其实不然。若非李之芳的强势弹劾，魏裔介在仕途上可能更进一步，应该说康熙帝对他有了深度的不满，故而待其死后不盖棺论定。

年过五十的李之芳获得了康熙帝的重用。三藩之乱爆发后，他任兵部侍郎赴杭州总督浙江军务，参与平叛耿精忠。

九年后，李之芳应诏回京，须发皆白，公卿士大夫莫不相顾叹息，康熙帝亦为之动容，升为兵部尚书。不久，李之芳托病回家。康熙二十二年，圣祖南巡，李之芳前往迎驾，随即被召回北京，出任文华殿大学士兼吏部尚书，入阁办事，成为了一个权倾朝野的非著名的白头阁老。

清初直臣魏象枢

1

《清圣祖实录》康熙三十三年闰五月记载,康熙帝谕大学士等,称原任刑部尚书、道学名士魏象枢,在康熙十二年底针对吴三桂起兵的议政王大臣会议上,反对发兵,说:"此乌合之众,何须发兵。昔舜诞敷文德,舞干羽而有苗格。今不烦用兵,抚之自定。"康熙帝说,魏象枢"与索额图争论成隙。后十八年地震时,魏象枢密奏:'速杀大学士索额图,则于皇上无干矣!'朕曰:'凡事皆朕听理,与索额图何关轻重。'道学之人,果如是挟仇怀恨乎!"

康熙帝标榜自己敢于担当、责任分明、不听谗言,称魏象枢阻扰朝廷发兵平叛吴三桂,并反复说魏氏对索额图,借天灾说人祸,是公报私仇。

康熙四十五年三月初八日，康熙帝对阁臣说："汉朝灾异见，即诛一宰相，此甚谬矣！夫宰相者，佐君理事之人，倘有失误，君臣共之，可竟诿之宰相乎？"（《康熙起居注》）他继续说康熙十八年（1679）七月二十八日，京师发生强烈地震，魏象枢上密本，应对说："此非常之变，重处索额图、明珠，可以弭此灾矣。"所谓魏氏密奏请杀之事，在原只索额图一人的基础上，被添加了康熙帝已经彻底弃用并限制人身自由的明珠。此时，索额图已于两年多前被饿死在宗人府禁所之中。

魏象枢借着宋学秉承清廷意旨，道学有些名不副实，但对清朝极尽忠诚。他绝对想不到在他死后多年甚至几十年间，康熙帝一直拿他当攻击政敌的箭和靶子。

2

康熙十二年，尚可喜第十一次疏请归老辽东，留其长子尚之信镇守广东。康熙帝准其退休，但以尚之信跋扈难制，决意撤藩。中和殿大学士图海、保和殿大学士索额图等担心撤藩会引发三藩反叛，而刑部尚书莫洛、户部尚书米思翰、兵部尚书明珠等极力支持。康熙帝再命王公大臣及九卿科道会商，大家仍持两种意见。

康熙帝认为：一、藩镇久握重兵，势成尾大，非国家之利；二、吴三桂之子、耿精忠诸弟宿卫京师，谅吴、耿不敢变乱。于是，遂下令三藩俱撤还山海关外。

他没料到，是年十一月，吴三桂率先杀了云南巡抚朱国治祭旗，拘捕按察使以下不顺从的官员，发布檄文，自称"原镇守山海关总兵官，今奉旨总统天下水陆大元帅，兴明讨虏大将军"，佯称拥立"先皇三太子"，兴明讨清，蓄发，易衣冠，传檄远近，致书平南、靖南二藩及各地故旧将吏，并移会台湾郑经，邀约响应。

康熙帝发兵平叛，派顺承郡王勒尔锦为宁南靖寇大将军，讨伐吴三桂。第二年初，命刑部尚书莫洛加武英殿大学士衔，经略陕西。

此时的魏象枢，还是一个位卑言轻资历浅的办事官员。康熙十二年，文华殿大学士冯溥举荐他，复出就任贵州道监察御史，以岁满加四品卿衔，擢左佥都御史。第二年二月迁顺天府尹，四月任大理寺卿，七月擢户部右侍郎，十二月转左侍郎。

官至户部侍郎的魏象枢，是没有资格参加议政王大臣会议及其扩大会议的。

康熙十六年设立南书房前，"军国机要，主之议政处"，议政王大臣会议作为皇帝之下的最高决策机构，地位在六部之上，权倾部议。参与者主要是满洲的王公贝勒，为了协调满汉大臣矛盾，允许汉官大学士参与。会议可以扩大到九卿科道。九卿包括六部尚书、都察院左都御史、通政使、大理寺正卿；科、道，指都察院六科给事中及十五道监察御史。商定发兵时，魏氏正任职户部，无权与会。

因此，康熙帝称魏象枢反对发兵征讨吴三桂，是张冠李戴、借题发挥罢了。

3

打仗打的是钱粮。康熙帝平叛三藩时，魏象枢作为户部大员，提交筹饷三疏，建议"确估价值以清浮冒，严覈关税以防侵渔，慎用藩司以清钱粮"（《清史列传·魏象枢传》），严查地方官员利用征收财赋粮食中饱私囊，被康熙帝接受并行文执行。

魏象枢成绩卓著，康熙十七年升左都御史。他提出申明宪纲十事，说："国家根本在百姓，百姓安危在督抚。原诸臣为百姓留膏血，为国家培元气。臣不敢不为朝廷正纪纲，为臣子励名节。"（《清史稿·魏象枢传》）康熙帝朱批"切中时弊"。

魏象枢敢讲真话，以整肃纲纪为己任，为清初直臣之冠。他以身作则，刚正不阿，所上的奏疏都是经过详细的调查而言，故而行之有效。

魏象枢是能臣的榜样，是廉吏的楷模，推动康熙中期出现吏治清明、廉吏踵起的风气。不料，康熙帝屡屡厚诬他是伪道学，为汉官弄出"背主""误国"两大罪名，但雍正帝将其入祀贤良祠，乾隆帝下令群臣"言官奏事当如魏象枢奏疏"。

魏象枢执掌最高纪检监察机关，严惩渎职官员，清查贪腐枉法，积极荐贤举能。

魏象枢遵照旨意举清廉，"原任侍郎高珩、达哈塔、雷虎、班迪，大理寺卿瑚密色，侍读萧维豫，郎中宋文运，布政使毕振姬，知县陆陇其、张沐十人，皆得旨录用"（《清史列传·魏象枢传》）。所荐之人，官职有高低，地区有差异，但他没有像索额图、明珠那样拉拢官员、结党营私，而赢得了康熙帝的信任。

康熙十八年，魏象枢迁刑部尚书。他向康熙帝报告，他主管风纪，职多未尽，希望能像汉朝汲黯，留在都察院，为朝廷整肃纲纪。康熙帝甚慰，批准他以刑部尚书留左都御史任。他又先后拿下山西巡抚王克善、榷税芜湖主事刘源等贪官污吏。

第二年，康熙帝仍授魏象枢为刑部尚书，与侍郎科尔坤巡察畿辅，依法惩处豪强奸猾。魏象枢患病，康熙帝赐以人参及参膏，命内侍问饮食如何。四年后，魏象枢几次递交辞呈，才被批准。临行前，康熙帝召他入宫交谈，赐御书"寒松堂"匾额，令驰驿归。在其死后，赐祭葬，谥敏果。

4

为何康熙帝很快、反复地将他激赏的"寒松"，污蔑为背主误国之臣呢？

事情还得回溯到那次京师大地震，魏象枢与副都御史施维翰联名上疏，说："地道，臣也。臣失职，地为之不宁，请罪臣以回天变。"（《清史稿·魏象枢传》）康熙帝特地上召象枢入对，谈到痛心疾首之处不禁泪流满面。

第二天，康熙帝召集文武大臣在左翼门，严厉指责：朝中大臣受贿徇私，会推不问操守；前线将帅克敌，焚庐舍，俘子女，抢财物；地方官员不问民生疾苦；狱讼不以时结正；诸王贝勒大臣家人欺行霸市，干预审案。

虽然没点名，但大家心知肚明，都认为此诏应为索额图所发，而举报者为魏象枢。

索额图在铲除鳌拜时立有大功，是康熙帝的叔岳父兼股肱重臣，人称"索相"，权倾朝野，干预朝政，不无贪腐。

康熙帝决意撤藩，索额图是主要的反对者。但打响平藩大战后，索额图是繁忙的筹划者。吴三桂派人行刺他，见其星夜整理军务，大义凛然，弃剑跪拜，称其良相。

胜利后，康熙帝忘了索额图运筹帷幄之大功，恨其当初不支持。他对新晋武英殿大学士明珠等说："吴逆倡乱，有谓撤藩所致，请诛建议之人者，朕若从之，则皆含冤壤矣。"（《清史列传·索额图传》）康熙帝感谢新宠的支持，不惜出卖旧人。

至于魏象枢借地震弹劾罪臣，给了康熙帝进一步敲打索额图的机会，说他"自任用以来，家计颇已饶裕，乃全无为国报效之心，朋比徇私。朕闻之已久，犹望悛改，未令议罪。今见所行，愈加贪黩，习以为常。若事情发觉，国法俱在，决不贷宥。"

康熙帝对索额图不满已久，早有出手的动机。魏象枢的检举只是一个导火索而已。

魏象枢死后，康熙帝重新起用索额图，授领侍卫内大臣，处理中俄边境纷争，参加平定准噶尔战事。事后，康熙帝反复重提魏象枢，貌似指责他建议把索额图甚至明珠当做导致天灾的人祸杀掉，无疑借尸还魂整活人，威慑索、明二相更惶恐。

康熙帝借着要为清朝入主中原夯实合理性和合法性，探索"自古得天下之正莫如我朝"的正统性,而不惜给他重用过或还在重用的汉官身上泼脏水,来为他对索额图、明珠进行终极打击,找到一个含沙射影的利器。

康熙帝的帝王心术是极其可怕的!他善于起用新人打击旧臣,如培育索额图攻击鳌拜,如提拔明珠、高士奇围攻索额图,更可怕的是拖出死者警示活人,厚诬曾被他盖棺论定的重臣,发出要彻底解决权力对手的强烈信号。

于成龙"天下廉吏第一"

1

随着大型历史剧《于成龙》在2017年新年央视一套黄金时段开播,人们再次近距离感受一代名臣于成龙清廉淡泊、莅事忠勤、苦节克贞、鞠躬尽瘁的作风。作为清代杰出的廉吏能臣,于成龙为康乾盛世的到来,开启了弊革风清的时代风尚。

康熙二十三年(1684)四月十八日,于成龙病逝于两江总督兼署巡抚任上,终年68岁。人们清点他的遗物,木箱中只有一套官服,别无余物,市民痛哭,塑像祭祀。康熙帝闻讯后,说:"朕巡幸江南,延访吏治,博采舆评,咸称居官清正,实天下廉吏第一。"(《清史列传·于成龙传》)

330多年过去,清代"天下第一廉吏"于成龙,仍深深地影响着当代中国的社会发展。《礼记》有云:"大道之行,天下为公",顾炎武曾言"天下兴亡,匹夫有责",于成龙出仕之初,便以"心此行绝不以温饱为志,誓勿昧天理良心"为己任。

这是他的终极理想,也是他的人生追寻。

2

虽然电视剧的开场,以艺术性的虚构掩映历史的真实,在中国历史的宏大叙事格局中,将原本英雄般坚忍的于成龙,安排成勇士般横空出世。当时是顺治十八年,世祖于正月死于痘症,而继立的康熙帝还是不谙世事的八龄幼主。

陈廷敬为山西晋城人,为顺治丁酉举人,并非与于成龙师出同门,但为了给剧情发展埋下伏笔,被以"顺治丁酉进士"勒于石上。顺治元年,摄政睿亲王三次下令圈地,但四年后停止大规模圈地,至顺治帝亲政后,圈地、换地只是零碎的,并未出现像电视剧渲染的屠村式圈地。

后来,也曾出现过八旗兵疯狂圈地,那是到了康熙四年鳌拜开始擅权之时。大事不虚,小事不拘,但对激化的矛盾处理,尤其在局部满汉对抗的间隙,更能凸显于成龙处事果敢、不惧强权、心怀百姓的高洁品性。

正如于成龙在私塾中朗朗而言，政者正也，以法治天下，廉正的基因、从政的刻度，贯穿于后来于成龙的仕途始终。

于成龙进入仕途，年近45岁。这并不能说明他才能不济，而是在八股科场上苦熬。

他参加科考很早，崇祯十二年（1639），22岁的山西永宁人于成龙到省城太原参加乡试，但见考官在考场公然受贿，徇私舞弊。他在考卷上痛陈时弊，直抒胸臆，结果正榜无名，勉强考了个副榜贡生。副榜贡生相当于备取生，不算中举，但可以直接参加会试。资格虽在，名分不副，却影响了于成龙要为天下公平正义和百姓忧乐去说法与奔波。

会试之后，于成龙以父亲年老为借口，辞去做官的机会，回到老家继续储能修身。

此后几年，风云变幻，朝代鼎革，于成龙算不上前明遗臣，但他有国家发展的概念和识见，他要参与王朝大断裂之后的社会秩序重建与人类本性引导，而不自拘于满与汉之间的族群纷争。

这与狭隘的民族气节无关，但见一个优秀士子经世致用的襟怀和气度。顺治四年至八年，于成龙到太原崇善寺开办的学校学习四年，不意乡试落榜。此后家中接连变故，兄长老父相继亡故，家境窘困，于成龙只好担起养家重任，但他仍不忘进取，终于在顺治十八年入国子监进修，毕业出仕。

于成龙以明经谒选吏部，由连举人都算不上的最高学历副榜贡生获授广西罗城知县。

也就是说，于成龙进入仕途，并没有耀眼的学历背景，不遑论进士举人，就是这个副榜贡生还是在前明所得。

他虽然得了一个七品县官的实缺，但那时的罗城，离京两千里之外，还是局势未稳的蛮荒边地。家中窘况，亲朋劝阻，于成龙未必没考虑过，但他毅然离妻别子，勇敢地赴任。

《清史稿·于成龙传》说："罗城居万山中，盛瘴疠，民犷悍。方兵后，遍地榛莽，县中居民仅六家，无城郭廨舍。"

于成龙上任伊始，寄居于关帝庙中，带病理事，采取"治乱世，用重典"的方法，推行保甲制，缉盗安民，奖励耕种。他在罗城为官三年，通过一系列举措，使罗城摆脱混乱，得到了有效治理，出现了百姓安居乐业的新气象。

为官一任，造福一方，两广总督卢光祖以罗城为全省治理的榜样，向朝廷报告："罗城在深山之间，瑶玲顽悍，成龙洁己爱民，建学宫，创养济院，人事练达，堪称卓异。"（《清史列传·于成龙传》）

执政为民，只要你全心全意为老百姓服务，你的突出治行，自然会受到百姓的拥戴、上级的重视。

于成龙出掌边地穷县，一无政治靠山，二无经济支持，三无特别文凭，但他的赤诚之心、勤干之才、廉正之风，成就了他堪当重任的良好基础和执政理念。此后，他被迁四川合州知州，后为湖广黄州府同知，再擢武昌知府。

职务在不断升迁，辖区在不断内移，但他一以贯之的执政成绩依然是有目共睹的。

3

任官于落后地区，于成龙并不蛮干，而是及时报告民情，请求革除旧弊，招揽百姓开垦荒地，借给百姓耕牛和种子，仅一月时间便将百余人口的地区扩展到上千户人家。治理盗贼严重的辖区，他勇敢地扑下身子，深入村落微行私访，遍访民间隐情，遇到盗贼以及其他可疑案件，就按其踪迹抓到案犯。他为百姓办实事，自然会受到百姓的敬重和拥戴。

"三藩之乱"爆发，吴三桂盘踞湖南，煽诱湖北诸县山民响应。

于成龙不以因工作过失遭有司商定革职而为官不为、懒政怠政，积极遵从上级安排，单骑专赴麻阳招抚。正是由于他的能力出众，勤恳无怨，成为了治理地方工作的一把好手。

康熙十五年十月,于成龙继母过世,对他有抚育之恩,二人情感很好,按礼法于成龙必须丁忧守制,但湖广总督蔡玉荣等联名向康熙帝奏请,安排于成龙在任守制。

在当时,如果不是非常时期,不是特殊人才,由皇帝下旨在任守制是极为罕见的事例。许多在朝的大学士,如果父母亡故,也必须辞官回家守孝一年。

康熙十七年六月,于成龙调任福建按察使,主管一省司法刑狱和官吏考核。史料并未胪列他的治绩,但从他的顶头上司、福建巡抚吴兴祚等集体给他的评价来看:"成龙执法决狱,不徇情面,屡伸冤抑,案牍无停,不滥准一词,不轻差一役,而刁讼风息,扰害弊除。捐增监狱口粮,徧济病囚医药。倡赎被掠良民子女数百人,资给路费遣归。屏绝所属馈送。性甘淡泊,吏畏民怀,为闽省廉能第一。"

于成龙秉公执法,清正廉明,办案迅速,用词精准,一扫往日诉讼刁钻的陈弊。他还经常捐助监狱口粮和病犯医药,却禁止下属送礼。

尤其他顶住压力,对地方官员不顾连年兵祸,以通海罪名屡兴大狱的"通海"事件,力争重审,先后使千余名百姓免遭屠戮而获释,给贫困不能归者还发给路费。

他以"皇天在上,人命至重,吾誓不能咸阿从事",赢得了百姓的赞誉和同事的激赏。按理,按察使虽是巡抚下属,但按察使往往监督、掣肘巡抚的行政执法,很多时候二人是不和的。但是,吴兴祚却领衔以于成龙"为闽省廉能第一",向康熙帝报告,得到的回复是:"于成龙清介自持,才能素著,允称卓异。"同时,任命于成龙为福建布政使。

在蒲松龄的《聊斋志异》中,有一篇《于中丞》,写的就是于成龙"好微行炯知民隐,摘发盗贼"的故事。

于成龙对待案犯,主张慎刑,以教为主,采取"宽严并治"和"以盗治盗"的方法,取得突出效果。他在词讼、断狱方面,铁面无私,头脑敏锐而细心,善于从一些常人忽视的细节上发现问题症结。

他曾排解过许多地方上发生的重大疑案、悬案,使错案得到平反,从而被百姓呼为"于青天",民间还流传着"鬼有冤枉也来伸"的歌谣。

4

于成龙在福建藩台任上,发生了一桩著名的事件:向康亲王求罢垄夫。在此事中,于成龙并未因吴兴祚专疏向康熙帝举荐自己,而顺承妥协。

当时,康亲王杰书任奉命大将军,领数万名八旗骑兵驻扎于福建,与台湾郑经作战。

八旗子弟懒惰,哪肯干铡草喂马的苦差事,于是向民间征集劳力,到军营里铡草。

对八旗官兵来说,民夫当然多多益善,根本不考虑地方上的承受能力,一征集就是数万名,严重地影响到数万户家庭的生产生活,搞得很多百姓家破人亡,也让各级官府头痛不已。

朝廷曾下令禁止再征莝夫,但骄纵的八旗子弟,自恃特权阶层,又在为国打仗,仍想继续征调莝夫。

统帅康亲王虽比较开明,但考虑到军队的利益,答应了将士们的请求,再次下达命令,要求各地照旧派夫。这就激发了一次严重的军民矛盾。

巡抚吴兴祚把康亲王的手谕转发给闽县、侯官等地知县,要求按谕执行,但巡抚衙门并没有下达正式的文件。知县祖寅亮、姚震等人揣测到巡抚的真实意图,就以需要请示为由,拒绝执行康亲王命令。

八旗官兵聚集到县衙闹事,逼迫知县派夫。百姓听闻官兵继续征夫,停业罢市,聚集街头,群情汹汹,大规模的民变一触即发。

福建地方官员聚会商议,准备向康亲王请命。

布政使于成龙领衔向杰书上了一封公开信《公上康亲王

求罢垦夫启》，请求收回成命。同时，于成龙又以个人的身份，上了一封《再肃上康亲王启》，指出："国家之安危，由于人心之得失，而人心之得失在于用人行政，识其顺逆之情而已。"杰书一看事情闹大，官民都反对自己照旧派夫的命令，在收到官吏们的公开信和于成龙的私函后，决定作罢。

论杰书的奉命大将军职权，节制辖区督抚，掌握生杀大权，然而于成龙勇敢地为老百姓说话，不顾自身安危，因此得到了康亲王的尊重和赏识。

第二月，康熙帝下旨，于成龙内调畿辅要津，升任直隶巡抚，当时还没有直隶总督一说。

5

于成龙为民执政，敬终如始地讲究"天理良心"。

为了解决老百姓的贫困生活，于成龙是想尽办法，查勘实情险境，奏请豁免钱粮。但对于下属官员，额外征赋，加收火耗，侵蚀赈济，勒索灾款，他绝不姑息，请求革职治罪。

身为"治官之官"，高级干部，于成龙正己而律下，始终把整顿吏治放在工作的首位。

他至直隶任上，下车伊始，便严禁州县私加火耗、馈送上官节礼。针对官员附加征税、送礼成风，于成龙及时奏请朝廷，形成制度化的惩罚条例，以防"将来道府必怀投鼠忌器之嫌，而隐忍养奸，法纪颓靡"（《清史列传·于成龙传》）。

他总督两江，入境即"微行"访于民间，面对"州县各官病民积弊皆然，而江南尤甚"的状况，很快颁布了《兴利除弊约》，开列了灾耗、私派、贿赂、衙蠹、旗人放债等十五款积弊，责令所"自今伊始"，将所开"积弊尽行痛革"。

他根据自己的体会，又制订了以"勤抚恤，慎刑法，绝贿赂，杜私派，严征收，崇节俭"的《新民官自省六戒》，作为地方官员的行为准则。他举优劾贪，宽严并济，时人说凡他所到之处，"官吏望风改操"。

严格执行制度，不给侥幸心理留余地，以"加严处分，以肃法纪"来切实解决"灯下黑"问题。

作为地方首长，于成龙公正弹劾不法官员，讲究方式方法，"以驱除贪吏、拯救民生为务，据道府揭报，察其已深者，参劾以示惩创"。

针对在文化发达的江南，官僚势豪贿通学政，科考舞弊之风盛行，许多贫苦士子皓首穷经却往往落榜。曾亲历科场腐败的于成龙，专门行文，一旦发现弊行，"立刻正章入告，官则摘印，子衿黜革候者按律拟罪。其蠹胥、奸棍即刻毙之杖下"。这无疑为出身寒门的书生报国，提供了一个公正平等的竞争平台。

而对于已从政的优秀下属,他反对论资排辈,对清廷死板的任官考成制提出异议,认为那不利于吏治建设,容易造成"问其官则席不暇暖,问其职则整顿无心,势彼然也"。他以"品行卓越,才具优长"作为标准,积极上疏举荐人才。

史称小于成龙的直隶通州知府于成龙,后来成为一代治河名臣;江苏布政使丁思孔后来总督湖广、云贵,卓有政绩,死于任上……一批有作为的清廉官吏,受到康熙帝的重用,这都与于成龙的无私荐举有着很大的关系。

康熙帝南巡江宁时,曾叮嘱小于成龙多向老于成龙学习。

康熙二十年,于成龙入觐清圣祖,获赞:"尔为今时清官第一,殊属难得!"

虽然官职品级和工作环境发生了很大的改变,但于成龙一直保持着艰苦朴素的生活作风。他无论是知县知州,还是巡抚总督,总是带头实践"为民上者,务须躬先俭仆"。

在直隶,他"屑糠杂米为粥,与同仆共吃"。

在江南,他"日食粗粝一盂,粥糜一匙,侑以青菜,终年不知肉味",江南人民亲切地称他作"于青菜"。

总督衙门官吏在严格的约束下,"无从得蔬茗,则日采衙后槐叶啖之,树为之秃"。

他天南地北，宦海二十多年，只身天涯，不带家眷，不纳小妾，结发妻子阔别 20 年后才得一见。或许有人认为，他是在做苦行僧，不通人情，但他在当时国家政局维稳、军事冲突不断的情势下，以身作则，严于律己，率先垂范，却给或小或大的辖区百姓和社会带来了稳定和清明，也必然会影响着其他地区甚至整个国家走向祥和、安宁和富足。

　　某日，康熙帝对日讲官说，于成龙起家边地外官，就以廉明著称。就是做到了京郊巡抚，也是更加清正。

　　亲朋好友相托，他一律严拒；下属亲友送礼，他分文不取。当康熙帝获悉他自己家计艰苦时，特地从内库专门拨发一千两白银，并将自己的御马一匹，嘉奖于成龙。

　　于成龙升任江南江西总督，身体力行，简朴清明，全身心地教化民风，几个月后，江南民风蔚然一新。他刚直廉正，却触犯了一些人的利益，故而社会上曾起一些流言蜚语，又加之他不投权相明珠所好，故而弹劾于成龙衰迈昏聩、为人蒙蔽的奏章，送到了康熙帝案头。但是，康熙帝知任于成龙，不为诽谤词所动。

　　于成龙死后，康熙帝赏赐公祭安葬的礼遇，谥号清端，契合于公执政为民、廉洁奉公的品行。内阁学士锡住勘察海疆回到京城，康熙帝询问于成龙为官情况，锡住回奏说他清廉如初。康熙帝感叹不已：于成龙在直隶任上居官甚好，我特简任其到江南作总督,有人说他改变了朴素之风,等他死后,才知道他始终很廉洁,被百姓称赞。大概因为秉性耿直,那些不肖之徒带着私仇以逸言陷害他,才编造出这样的话罢了。当官像于成龙一样的人,能有几个呀?

康熙帝在赞誉于成龙为"天下廉吏第一"时,还专门写诗礼赞,其中有"服官敦廉隅,抗志贵孤洁""江山见甘棠,遗爱与人说"。这既是对一个治世廉吏的赞赏,也是对一个良臣镜鉴的称许。

只有像于成龙那样做到了为官一任、造福一方,历史和后世才会铭心刻骨地记住他、真心诚意地纪念他、全心全意地学习他。学习他在工作中践行的精神,学习他留给后世的文化内涵。

当人们再次通过史料、传说或电视剧,重温古代"天下第一廉吏"于成龙的佳话轶事时,自然会发现,一种社会正能量可以持久地振奋更长的历史。

虽然于成龙出仕只有短短的二十三年,但他死后三百多年还在影响着中国,这不仅仅是因为他以一身正气、两袖清风为吏治廉政树立了时代典范,而是他自始至终都是一个有家国情怀、为国家担当、给国家力量的伟大人物,以一种独特的执政精神和榜样力量,成为了更多的人心存高远的事功理想,成为了中华文化应该传承也必须传承的最根本的优秀基因。

治河名臣于成龙

1

1995年，北京石景山区农委修建楼房，施工中出土一盒墓志，铭文写道："国朝有清忠强直经济名臣曰两于公，皆讳成龙。其一官总督江南江西、兵部尚书，卒赠太子少保，谥清端。其一历官总督河道、兵部尚书兼右都御史、前都察院左都御史、太子少保，谥曰襄勤，则公也。"

墓主于成龙，字振甲，与"天下廉吏第一"的于成龙，同名同姓同时代，皆为康熙帝的重臣。

此于成龙，祖籍东北，原为汉军镶红旗人，后经抬旗入镶黄旗，要比出生山西的汉人于成龙小二十二岁。故人们称前者为小于成龙，喊后者为老于成龙。

小于同老于一样，都没有取得进士文凭。

老于以明朝副榜贡生加清代国子监进修,四十四岁入仕,被分配到南方刚收复不久的边荒之地罗城做县令。

小于没读过几年私塾,给富户当过家奴养过猪,但因养父于得水原任阿达哈哈番(乾隆帝改轻车都尉),三十岁以荫生出任直隶乐亭知县。

小于虽没读多少书,但很有民本思想和实干能力,在乐亭修学宫、劝开垦、免赋税,礼贤爱士,缉盗安民,深得百姓爱戴和上级赏识。他出仕一年便兼代滦州知州。滦州为直隶州,级别与知府平行。小于推行善政,深得民心,受罪犯越狱案牵连本该降职,但老百姓几次联名上书,请求上级让他留任,感动了朝廷,遂下令巡抚金世德勘察他执政为民的真凭实据。

百姓代表着民意,小于得以恢复职务。

几年后,小于因没在限期内破案缉盗,依法又该降调。金世德为其求情,部议不准,但康熙帝下旨:"于成龙抚绥疲邑,与民相宜,其留任。"(《清史列传·于成龙传》)

吏部按规定办事,但康熙帝评估官员过错尊重了民意,更加关注这位畿辅要津的青年官员,几年后破格提升他为通州知州。

2

于知州很快在直隶巡抚衙门见到了与他同名同姓的于巡抚。老于和小于都是为百姓干实事的人,有共同的信仰,配合得很默契,见面互称于大人,不会导致误会,还能拉近关系。

康熙二十一年,老于调任全国最富庶、情况最复杂的两江做总督。临行前,他专门给康熙帝上疏,说小于人才难得,堪当大用。

老于正式到两江任事不到两月,总督辕门所在地江宁的知府陈龙岩病逝。于总督初来乍到,而两江占了全国财政的一半多,形形色色的衙门都与朝廷重臣勋贵有着各种各样的联系。

江宁织造的负责人曹玺,是康熙帝奶娘的老公,获赐穿蟒袍,封一品尚书。而江宁将军(电视剧《于成龙》虚构是康熙帝的亲外甥赫里),是督率八旗兵防守江南的最高统帅,官居正一品。

论政治资源和官秩品级,二品于总督的行政辖区里有不少官员位比其高、权比其大。于总督是带着特殊使命来的,秉公持正,清廉律己,出于工作的需要,他向朝廷申请,希望"廷臣会推清操久著、干练成效,与通州知州于成龙、霸州州判卫济贤相类者"。他的言下之意，就是希望老部下小于或者小卫来江宁当帮手。

老于的请求，让吏部不高兴了，外调也想着用自己的熟人。吏部报告康熙帝，说"知府无会推例"，就是说驳了老于。然而，康熙帝朱笔一挥：于通州调任江宁。

于知州成了名副其实的于知府。他走后，通州百姓建了一座于公祠，感念他在任时严厉整治匪盗，令行禁止，市肆不扰，德政惠民。

于知府到了江宁，虽不是京官，也是肥缺和大府，然而他再次成为老于的部下时，更加恪尽职守，律己爱民，打击豪强，让当初有些人质疑"于成龙荐于成龙"是别有用心的流言不攻自破。

小于同老于又共事了两年。老于病逝在任上半年后，康熙二十三年（1684）十月，康熙皇帝首次南巡至江宁，安排随行的武英殿大学士明珠给小于传话：他在紫禁城里就知道小于为官清廉，敢于为民请命，澄清土地赋税，现在实地考察果然属实，还特地为他题词以示嘉奖清操。并勉励他"务效前总督于成龙，正直洁清"。（《清圣祖实录》卷一百一十七，康熙二十三年十月乙丑）

第二月，康熙帝下令，擢升小于为安徽按察使，并在回京后召其父于得水入朝，恩赐貂裘二袭，奖励他教子有方。

还特别颁旨，令八旗都统、侍郎凡有儿子的高官，要学于得水教出了小于成龙这一个好儿子。

小于成为继老于之后，康熙帝树立的新典型，"廉能称职，诚心爱民"，加太子少保，赏赐御乘良马、黄鞍辔、白金、御服貂裘及团龙御衣。康熙帝谕告八旗都统侍郎有子弟在外为官者，一定要学习小于"洁己爱民"。

典型成了学习的榜样。小于继续学老于的作风和精神，不辜负康熙帝的期望，既要做一个执政为民的清官，又要做一个治河为民的能臣。

3

于成龙担任安徽按察使时，遇到了大水利家、河道总督靳辅。

靳辅治河继承明朝潘季驯方法，对黄河水患进行了全面勘察，提出了对三大河流进行综合整治的详细方案，并积极组织实施，终使堤坝坚固，漕运无阻。

靳辅主张开大河、建长堤，以敌海潮。于成龙提出开通原来的河道。

于成龙之所以提出疏通主张，是受了此前康熙帝南巡时治河思想的影响。康熙帝在南巡时，目睹了高邮、宝应、江都、泰州、兴化、山阳、盐城等七州县沿线河水泛滥、田亩被淹的凄惨情景，故决意治理。这开启了清代国家治理下河水利的序幕。

而康熙帝在江宁传谕表彰于成龙的第三天，专程带着吏部尚书伊桑阿、工部尚书萨穆哈等一行人视察入海口时说："高、宝等处，湖水下流，原有海口，以年久沙淤，遂至壅塞。今将入海故道，浚治疏通，可免水患。"（《清圣祖实录》卷一百一十七，康熙二十三年十月丁卯）作为地方官员的于成龙，当时自然陪同在康熙帝的身边。

康熙帝擢升于成龙为安徽臬台，命他经理治河之事。于成龙遵照康熙帝旨意，疏请开通海口，挑浚下河水道，以排积水。靳辅却坚决反对，指出地势卑于海潮五尺，若先挑海口，非但不能排泄积水，反而引潮内灌，不如筑堤束水以注海。

康熙帝在任命于成龙负责治河时，要求他接受靳辅节制，奏事得由靳辅向上打报告。于是，于、靳二人意见相抵触，下河工程无法进行。

他们把官司打到了御前，被康熙帝提到朝会上与九卿廷议。大家以为于成龙虽是著名清官，但对河工未经阅历；靳辅久任河务，已有成效，应采纳他的意见。

康熙帝认为靳辅的方案不能兼顾下河，于是下令于成龙督理，靳辅负责技术把关。

2022年11月上映的电视剧《天下长河》，讲述康熙帝为治黄河水患，不拘一格提拔陈潢、靳辅两位治水能人，在历经半个世纪的栉风沐雨和朝政风波后，君臣逐渐平定河患，留下了让后世为之称道的丰功伟绩的真实历史故事。

争论出了结果，朝廷决定开下海，任命礼部侍郎孙在丰主持其事。靳辅仍然主张重堤束水，并建议开中河，疏拦马河减水坝所泄水。于成龙力主疏浚下河，罢筑重堤，并谓中河虽开无益。

康熙帝觉察到于成龙不懂水利，但激情燃烧不好泼冷水。老专家靳辅固执己见，也不受康熙皇帝喜欢。这时，江南道御史郭琇上疏弹劾靳辅治河多年，听命于他人，今天议筑堤，明天议挑浚，浪费银钱数百万，没有终止之期，还说他夺取民田，妄称屯垦，取米麦越境贩卖，特别是违背皇帝的旨意，阻挠开浚下河。

孙在丰赶紧补刀。

靳辅被革职留任，于是举报孙在丰与漕运总督慕天颜联姻，附和于成龙。一群治河名臣，因观点不一而相互掐架。于成龙被削太子少保，降两级调用。康熙帝还是给他机会，让他留任巡抚，第二年以左都御史兼镶红旗汉军统领。

康熙三十一年十二月,靳辅病逝,于成龙任河道总督。他记住了历史的教训,主动向朝廷请罪。

康熙帝责问他,你过去弹劾靳辅,称减水坝不宜开,为何今天又要照靳辅的治河方法行事。于成龙说:"臣彼时妄言,今亦视辅而行。"(《清史稿·于成龙传》)朝臣廷议,认为于成龙怀私妄奏,应当免职,康熙帝将其留任。

于成龙刻苦研究靳辅的方法,杜绝了自己曾是外行而陷身权斗的悲剧发生,故而成为中华民族史上一代治河名臣。

错了就是错了,于成龙具有敢于承认错误、接受正确思想的坦荡襟怀。他向康熙帝报告,自己原来是妄言,从今以后要按靳辅的方法,做得更好。

承认自己的不足,就是成长,也是成熟。

4

于成龙总督河道,从老百姓的利益出发,坚持豁免河夫、增设河兵的重大举措,改派募为雇募,使民不扰,彻底根除了明清以来佥派累民的弊端,利国利民,影响深远。

康熙三十一年(1692),他以兵部尚书兼都察院右都御史第一次任河道总督时,就曾奏请豁免民夫,以工程量议格。他根据治河实情支持开捐例,虽被康熙帝质疑是否加重了百姓负担,但他用事实说服了朝廷。他在三年内,实地勘察,修堤筑坝,把淮扬地区河道稳定下来,老百姓也过上了耕种其田得收成的好日子。

不幸的是,他因父亲去世,回家丁忧,被继任总督董安国向朝廷报告黄河与运河险汛甚多,不能免除民夫,只象征性地减少了一二千人。

于成龙守完孝复出,以左都御史衔负责康熙帝两次亲征噶尔丹的后勤工作,督运军粮。

康熙三十七年(1698)二月,于成龙以总督兵部尚书兼右都御史管直隶巡抚。浑河发水,与永定府南的河水汇流一处,势不能容,常有泛涨,百姓庄田都被淹没,苦不堪言。于成龙结合治理淮扬积累的经验,根据实际提出浑河筑浚方案,疏筑兼施,查勘浑河河道,现场指挥,监督河工挑新河。

这次,于成龙又成功了。

康熙帝高兴地赐名永定河。对于成龙此次建功的历史功绩,《清史稿·河渠志三》记载:"巡抚于成龙疏筑兼施,自良乡老君堂旧河口起,逶固安北十里铺、永清东南朱家庄,会东安狼城河,出霸州柳岔口、三角淀,达西沽入海。浚河百四十五里,筑南、北堤百八十里,赐名永定。自是浑河改注东北,无迁徙者垂四十年。"

河道总督董安国不懂业务，康熙帝让于成龙再次复职河道总督。于成龙又以岁夫苦累，亟请变通，征解河工，添设河兵，使老百姓脱离了摊派之苦，而将河夫改河兵，一举两得，开清朝一代兵制之新。

于成龙肩负皇命，奔走黄淮两河，勘察灾情，欲把治理永定河行之有效的方法和经验运用到治理黄淮上。然终因日夜操劳，河务浩繁，于成龙积劳成疾，扶病亲临淮上视察河道时，病情陡然加重。康熙帝几次派良医、送补药。

于成龙太拼了，心里装着国计民生，长期带病上岗奔走，最后病逝在工作岗位上，年63岁。

于成龙临终前，耿耿于怀的还是未将黄淮彻底治理好，吩咐儿子赶紧上书，请皇上另派贤能大臣，不要耽误了国家的大事，加重他的罪过。

康熙帝闻讯深为痛悼，两次遣人谕祭，谥曰襄勤。康熙帝说："于成龙才品兼优，服官勤慎。屡经简任，实心办事，不辞辛劳。宣力有年，历著成效。"这是对一代治河名臣于成龙的盖棺论定，实事求是。

雍正八年，世宗建贤良祠，祀王公大臣以及有功国家者，小于成龙入祀，比雍正十年入祀的老于成龙还早了两年。

三百多年过去，小于成龙虽然没有像老于成龙那样，因创造了天下第一廉吏的口碑影响深远,但他作为一个清正的好官、实干的能臣,为清朝初期的河道建设,做出了贡献,照样值得我们铭记和纪念。

铁面御史郭琇

1

崇德元年（1636）五月，新称帝的皇太极设都察院，采取富有民族特色的满汉复官制，长官为满汉左都御史。皇太极在品级上有厚薄，规定满员一品，汉员二品，但在权限上规定：凡有政事背谬，及贝勒大臣骄纵侵害皇上，贪酷不法，无礼妄行者，都察院都可以直言无隐。即使所奏涉虚也不坐罪；倘知情蒙蔽则以误国论处。

皇太极进行这样一件政治改革，目的很简单，就是要彻底解决即汗位以来的"国人朝见，上与三大贝勒俱南面坐受"（《清太宗实录》卷十三）的权力僵局。他不想自己"虽有一汗之虚名，实无异正黄旗一贝勒也"（《天聪朝臣工奏议》卷上），故在天聪年间采取形形色色的手段削弱三大贝勒势力，终结八和硕贝勒共治国政制，随即将唯汗为尊的集权统治推向皇帝独专的清朝皇权建制。

为封建专制中央集权国家政治和社会发展的需要，他要进一步限制亲王贝勒大臣权力，维护皇帝权威，都察院应运而生，就是以一项强有力的监察制度督察臣下。

都察院肩负了监察、弹劾及建议多项大权。左都御史掌察覈官常，参维纲纪，率科道官矢忠职守，率京畿道纠失检奸，并参预朝廷大议。

康熙帝将鳌拜、班布尔善集团扳倒后，以南书房向议政王大臣会议和内阁不断夺权，且令朝臣只是佐君理事之人，"今天下大小事务皆朕一人亲理，无可旁贷，若将要务分任于人则断不可行，所以事无巨细，朕必躬自断制"（《康熙起居注》二百八十四），明确皇帝权力意志。职掌监察权的左都御史，在其绝对权威下，成了安排官员的高级职位，像同高士奇一起招摇纳贿的徐乾学、王鸿绪先后担过此任。

这无疑是康熙帝的用人不察，但康熙帝对他们不断护短。

徐、王之后，都察院来了一位铁面御史。他就是郭琇，康熙朝著名的言官和清官。

2

郭琇在康熙二十八年（1689）五月擢升左都御史，此前充经筵讲官，授吏部左侍郎。

他是康熙九年进士，做过地方七年知县，颇有政绩。(他被外放前的九年间，不知为何没有履历）虽然没有卓异的嘉奖令，但有卓异的工作实绩。

康熙二十五年，江苏巡抚汤斌向朝廷推荐郭琇，说他"居心恬淡，莅事精锐，堪膺迁擢"(《清史列传·郭琇传》)。巡抚力荐自己的基层官员，而不能直接任用，可见当时县级主要领导不是省管干部，而是国管干部，人事任免权皆在朝廷。

吏部审查汤斌提交郭琇的任职报告时，说他的催缴银粮任务未完成，给了否决票。

吴江素有鱼米之乡、丝绸之府的美誉，为何郭琇在吴江干了七年，还存在上交任务的亏欠？只能说明一个问题，他不是一个酷吏，不会为了升迁大搞漂亮的政绩。

对于他在吴江的作为，《清史稿》本传给了另一个说法："材力强干，善断疑狱。征赋行版串法，胥吏不能为奸。居官七年，治行为江南最。"一个能干的官员，只因征收的赋税没完成，就导致上级人事部门对他综合能力的考察严重减分。

好在汤斌是康熙十八年博学鸿儒科的状元,总裁修过《明史》,放任江宁前是康熙帝信任的理学名家、内阁学士。对于他的举贤荐能,康熙帝还是很重视,特批对郭琇专门进行考察。结果合格,郭琇出任江南道御史。

品级没有提升多少,但进入了京官体系,职权大了不少。他正好遇到治河名臣、河道总督靳辅与皇帝新宠、安徽按察使于成龙的治河大争论,从地方争到了朝廷。

大学士明珠支持靳辅开大河、修长堤,以抗海潮。通政使参议成其范、给事中王又旦、御史钱珏等支持于成龙,主张疏浚海口以泄积水。

于成龙是清官,大家忽略了他不懂治水,决定开浚下海。康熙帝原本公正裁判的天平,也有厚薄地倾向了于成龙,而慢慢对靳辅失去了信任。

争论并未因改了礼部侍郎孙在丰新主事,而告一段落。孙在丰明显支持于成龙,而导致靳辅更加被动。正在这时,郭琇一份弹劾疏,在激荡的廷争中激起巨浪。

郭琇说:一、靳辅治河多年无功,听命于幕客陈潢,今天议筑堤,明天议挑浚,浪费银钱数百万,没有终止之期。二、靳辅今天题河道,明天题河厅,以朝廷爵位为私恩,从未收到用人得当之效。

康熙帝召集大臣们到乾清门，让郭琇与靳辅对簿公堂。

郭琇又报告，靳辅夺取民田，妄称屯垦，取米麦越境贩卖，阻挠开浚下海。

随即，侍讲刘楷揭发靳辅用人不当，河工道厅之中杂职人员一百多人，而治河无成，每年只听报告而已。御史陆祖修抨击靳辅"积恶已盈"，用舜殛鲧做比喻，暗示朝廷将靳辅论罪处死。

康熙帝意识到郭琇们的奏劾有些不实事求是，不能定案，也看到了于成龙是河务的门外汉，但靳辅固执己见，反对者多，他只能站到了大多数这一边，下令将靳辅革职，同时将郭琇升为佥都御史。当然，于成龙也被升作直隶巡抚。

郭琇没想到，由于自己同于成龙一样不懂水利，本着为朝廷着想的原则，却沦为了做了十多年河道总督的靳辅被政敌攻击的帮凶。他们都升官了，都成了康熙帝和他南书房的御用文人们做局策划另一起政治大案的催化剂。

3

这件大案，即轰动一时的郭琇疏劾武英殿大学士明珠八大罪状。

案子由于成龙点火，告发明珠及其亲信大学士余国柱卖官鬻爵，导致地方库银严重亏空。康熙帝指示高士奇，联合刑部尚书徐乾学草拟好弹劾疏。

徐乾学不出面，塞给郭琇一颗大桃子。郭琇当仁不让，义正词严地举报明珠与余国柱结党营私，并列举了佛伦、傅腊塔及靳辅暗中交结的问题。

此疏一出，郭琇名震天下。

康熙帝下旨，革除明珠、余国柱的大学士，并令大学士勒德洪致仕。

对于此事，《清史稿·郭琇传》说："大学士明珠柄政，与余国柱比，颇营贿赂，权倾一时，久之为上所觉。"康熙帝主导，为了避嫌自己谋划倒明珠，于是显示出对郭琇格外的重用，将他迁太常寺卿，擢内阁学士，调吏部侍郎，做经筵讲官，最后封左都御史。

不到两年，郭琇辗转五个要职，还成了一任帝师。大家的目光盯着郭琇转，不会想到康熙帝及其亲信高士奇、徐乾学才是明珠案真正的操盘手和策划者。

让康熙帝、高士奇没想到的是，当郭琇执掌御史台后，便独力策划了一起惊天大案。

康熙二十八年九月，即郭琇出任左都御史的第五月，他向康熙帝递交了一份报告，直指高士奇与原左都御史王鸿绪"表里为奸，植党招摇"（《清史列传·郭琇传》），给事中何楷、修撰陈元龙、编修王顼龄"依附坏法"。

郭琇直言高士奇"出身微贱",是康熙帝因他"字学颇工,不拘资格,擢补翰林,令直南书房供奉,不过使之考订文章,原未假之与闻政事",但他不安分,犯了四大"可诛之罪",乃"真国之蠹而民之贼也"。(《清史列传·高士奇传》)

康熙帝对高士奇等的不法行径,是心里清楚的。他对他们有些放纵,就是要他们为自己的政治需要主观修史,打击侵害帝权的大臣。当郭琇揭开盖子后,他马上下旨:高士奇、王鸿绪、何楷、陈元龙、王顼龄俱著休致回籍。他迅速反应,对他们进行惩戒,就是防患他们"恣肆于光天化日之下"的更多罪恶,为外界知晓。

为康熙帝争正统的高士奇们走了,给康熙帝肃贪纵的郭琇问题来了。御史张星法弹劾山东巡抚钱钰,郭琇弹劾满左都御史马齐,证据不足便是诬告。康熙帝不再说涉虚不坐罪行,严责他擅用法司,但称他耿直敢言,从宽免除革职治罪,降五级调用。

吏部推荐他为通政司参议,康熙帝命改推,最后索性命他以所降的级别致仕。

郭琇的问题却更加严重了。

先是江苏巡抚洪之杰举报他涉嫌吴江亏漕案,继而山东巡抚佛伦弹劾郭琇家族的系列问题,将他伯父、父亲和前明

铁面御史郭琇

御史、农民义军扯到了一起。洪之杰是高士奇亲家徐乾学的心腹,而佛伦曾是明珠的死党且被郭琇举报。他们自然不会放过郭琇。

朝廷派员至江宁调查,又查到他牵扯了一起巧取豪夺运船粮米案。部议将郭琇充军,但还是被康熙帝网开一面。

九年后,康熙帝南巡,郭琇赴德州迎驾。康熙帝回京后,给内阁下谕:"原左都御史郭琇,前为吴江令,居官甚善,百姓感颂至今。其人有胆量,可授湖广总督,令驰驿赴任。"(《清史稿·郭琇传》)康熙帝将郭琇三疏的历史功绩,悉数抹去了。因为他知道,弹劾靳辅是他偏听偏信,弹劾明珠是他倾囊相授,弹劾高士奇动了他的奶酪。故而对这样大胆的人,他是不会忘记的。

郭琇由退休之人,因为康熙帝的突然想起,成了封疆大吏。郭琇上任后也不客气,多次恳求为贫困百姓豁免或减除赋税,但没想到在任一年多,疾病缠身欲辞职却被康熙帝以人才难得留任,结果又被几个人弹劾这样那样的问题而惨遭革职。

十四年后,郭琇病逝乡里,连皇帝的一个谥号都没得到,只得个"寻祀乡贤,并祀吴江名宦"的乡里记忆。

郭琇以著名"三疏"震动康熙帝中期吏治,并以廉正的形象影响后世。他影响最大的弹劾明珠事件,《清史稿》称

109

"郭琇抨击权相,有直臣之风,震霆一鸣,佥壬解体。盖由圣祖已悟其奸,而琇遂得行其志",将康熙帝打击明珠之授意并未雪藏。

若非康熙帝拍板,郭琇也不敢妄动。

妄动,必然遭致厄运。

高士奇之流干尽了坏事,但他们是康熙帝需要的人。即便不法案发,康熙帝将他们贬为庶民后,还是想方设法地起用他们。而郭琇呢?荣耀之后的诸多劫难,似乎是康熙帝的另一份赐予。这当是封建专制时代循吏清官的悲剧,也是国家法制约束不了帝王心术的悲哀!

张玉书"小心"拜相二十年

1

康熙八年（1669）五月，"满洲第一勇士"鳌拜成了阶下囚。年仅十六岁的康熙帝正式结束了四辅臣执政时代，开启了他长达五十三年的绝对权力岁月。即便他晚年精力衰疲，导致吏治废弛、皇子纷争，但最高权力还是牢牢地掌控在他手中。

他强化自己读书的南书房，转化为皇帝办公室，选翰林文人入值。看似内廷词臣直庐，但初为文学侍从的中层干部，很快成为帮助皇帝撰拟诏令谕旨、参与机务的政治要员。后来很多大学士，如张英，如陈廷敬，都是从南书房走出来的大佬。高士奇长期实职不过少詹事，他却让曾威势一时的索额图、明珠吃了大亏。

康熙帝强化南书房，削弱议政王大臣会议的权力，并将内阁军政大权移入内廷，控制在手里。内阁赞襄机务，变成了承旨书谕，康熙帝明确表示大学士不得侵犯人主权力，以实现"今天下大小事务皆朕一人亲理，无可旁贷，若将要务分任于人则断不可行"（《清圣祖实录》卷二百八十四）。无论巨细，他都要独裁。

康熙帝公开对首脑机构的大学士们说："若等势重于四辅臣乎？我欲去之，则尽去之！"（李光地《榕村续语录》卷十四"本朝时事"）谁侵权，他便无情打击。

名曰告诫，不无警示，警示掌"议天下之政"（《历代职官表》）的内阁大臣，只是"佐君理事之人"，莫奢望臣权侵犯皇权、皇帝"以大权授人"（《康熙起居注》）。

康熙帝有宽仁的一面，也有冷酷的隐恶。索额图、明珠曾是他极度信任的重臣，权倾朝野，不过昙花一现。他最爱的皇二子胤礽，前后做了近四十年的储君，一旦提前觊觎帝位，哪怕是风吹草动，就无法改变二度被废、拘禁幽死的政治命运。

他在南书房聚集了一帮汉臣，为他的政治意图修史。但他仍如四辅臣，旗帜鲜明地打出崇满抑汉的治国旗号，为清朝政权争天下最正的大业造理论。

然而有一位汉人，在康熙帝一朝居官五十年，红旗不倒,还做了二十年的太平宰相。

2

此人便是张玉书,也是从南书房走出来的政治明星。《清史列传·张玉书传》说:"玉书二十岁登仕籍,蒙圣祖仁皇帝知遇之隆,凡五十年,殁年七十。"

张玉书是顺治十八年的进士及第。顺治帝死于正月,这场殿试则在康熙帝继位之后。他参加庶吉士学习,三年后通过御试(即散馆),授编修。此后,他在这个七品文职京官的位置上,坐了十二年。这算是一个奇迹。

他大器晚成,三十五岁开始升迁,做过国子监司业、翰林院侍讲、左右庶子。他幸运地在四十岁前,以充日讲起居注官,被康熙帝发现,以进讲称旨,加詹事衔,还加了一级。"二十年,擢内阁学士,充经筵讲官。二十一年十月,教习庶吉士。二十二年十二月,迁礼部侍郎,兼翰林院掌院学士。"(《清史列传·张玉书传》)

他坐了近二十年的冷板凳,终于在最后两年实现了"大跃进",成为皇帝的新宠。

康熙帝打赢平藩大战,不少大臣奏请封禅志庆,却被张玉书等浇了一盆冷水。他们提出反对。康熙帝是清醒的,不但主动接受，且对张玉书等格外看重。

张父、前河南提学佥事张九征病逝，康熙帝特地派内阁学士王鸿绪代表皇帝，专赴张府祭奠茶酒。三年后，张玉书服孝期满，康熙帝将其擢升为刑部尚书。

人家服阕，往往官复原职。而张玉书被直接升了两级，进入了部院大臣序列。《清史稿·张玉书传》记载："服阕，即家起刑部尚书，调兵部。"无疑，康熙帝对在家守孝的张玉书是很关注的，应该说他们之间有过深层次的互动。

复出不久的张玉书，带队前往江南，调查河道总督靳辅与安徽按察使于成龙关于治河的第二场争论案；以及御史郭琇弹劾靳辅治河九年无功，耗费巨大，与明珠结党营私，私分河银案。张玉书深入基层，多方取证，秉公陈奏，使靳辅治河功过得以澄清，为康熙帝保住了一个治河名臣。

接着，康熙帝责成他调查杭州驻防满洲士兵扰民案，经他核实，发现这是一起无中生有的虚报案。张玉书请旨，将渎职的浙江巡抚金鋐、布政使李之粹革职流放。

3

康熙帝对能干的张玉书很满意，遂于康熙二十九年授他为文华殿大学士兼户部尚书。

康熙三十五年，圣祖御驾亲征准噶尔首领噶尔丹。张玉书扈从，参与帷幄。他参与了康熙帝制定的以逸待劳、诱敌深入战术，以最小的代价杀得噶尔丹落荒而逃。

大军班师，朝廷庆功，张玉书率王公以下文武百官进表上贺。次年，张玉书总裁编修《亲征平定朔漠方略》，记述康熙帝首次平定噶尔丹叛乱的始末。是书于康熙四十七年修成，温达领衔，玉书其次，实因温达为满人尚书新任文华殿大学士，位次居前。张玉书之后，才是陈廷敬与李光地。

康熙三十七年，张母染病，康熙帝手书《金刚经》五部以赠，并赐御食鹿尾。张母谢世，康熙帝复遣官赐祭，并御书"松荫堂"匾额。

第二年，康熙帝再次南巡，正在江苏丹徒老家守孝的张玉书，前去跪迎。康熙帝诏其谈话，赏赐不少财物。康熙帝前往明孝陵祭拜朱元璋，大书"治隆唐宋"四字，特命张玉书与两郡王将匾额奉安陵庙。

张玉书的孝期未满，康熙帝诏其回京，入阁办事。此后康熙帝南巡，张玉书皆扈从，被赏赐很多银子和物品。

康熙四十六年，河道总督张鹏翮请开溜淮套河。张玉书陪同康熙帝巡查工程。康熙帝看到计划开凿的河道上老百姓的坟墓极多，遂责备开河不当。张玉书建议采用明朝人白英提出的引汶水南北分流的办法，受到康熙帝赞赏。他又与康熙帝一起议定，疏通旧道，使其畅通，既节省开支，又方便商民。

三年后，张玉书以病乞休，康熙帝下旨慰留。第二年五月，张玉书随侍康熙帝巡幸热河，旧疾复发，医治无效，病逝于热河，终年七十岁。康熙帝诏令内务府监制棺椁，沿途拔夫护送回京。

康熙帝说："张玉书耆旧老臣，久任机务，直亮清勤，倚任方殷。"(《清史列传·张玉书传》)并御制挽诗，亲书颁发，加赠太子太保，谥文贞。特命温达率翰林院官员、内务府总管前往吊唁，又遣皇三子诚亲王奠茶，赐白银千两为丧葬之用。

两年后，康熙帝再次下旨："大学士张玉书久任机务，小心恪慎，懋著勤劳，朕追念难忘。伊惟有一子张逸少，著从优升翰林院侍读学士，以示朕眷笃旧臣之意。"张逸少为甘肃秦州知州，康熙帝将服阕的他调入京师，升了两级。张逸少资质一般，治绩不高，但一直在康熙帝身边从事文职工作，《康熙字典》就有他一份功劳。

俗话说，人走茶凉。但张玉书死后多年，还被康熙帝念旧眷顾，荫其子嗣，这是有原因的。《清史稿·张玉书传》载："玉书谨慎廉洁，居政地二十年，远避权势，门无杂宾，从容密勿，为圣祖所亲任。自奉俭约，饮食服御，略如寒素。"

张玉书位高权重，却始终洁身自好、律己节俭，过着苦行僧般的日子。

清人钱泳《履园丛话》卷一记载：刑部尚书徐乾学上朝要先吃上实心馒头五十个、黄雀五十只、鸡蛋五十个、酒十壶，这样下来，就能保证一天不饿。与他同朝为官的大学士张玉书"古貌清臞"，早餐山药两片、清水一杯，就能够一天不饿。

他们都是康熙帝身边的红人，两种人"竟日不饥"的摄取量不同，见证了他们居官处世的两种态度：徐乾学招摇纳贿，纵子妄为，屡遭都察院的御史们穷追猛打；而综观张玉书的政治人生，他是康熙朝极为罕见的、不见科道言官身影的清正之官，他除了有康熙帝的不断赏赐外，没有一个因犯法违纪的恩诏宽免。

他们身后荣辱更是两种命运，被革职的徐乾学，除了让康熙帝一声惋惜外，却不能盖棺定论；久在中枢的张玉书，倍享殊荣，还被康熙帝一再追念，影响至今。

张玉书在宦海巨澜中急速前行，一帆风顺，体现了"打铁还需自身硬"的老话。《清史稿》说这一切都源于"小心"二字。小心驶得万年船，为官更是技术活。

康熙帝真的特别器重陈廷敬吗？

1

陈廷敬是一个著名的清官能臣，深得康熙帝的信任。康熙四十九年十一月，陈廷敬因耳疾乞休，被允准。没过半年，康熙帝又将他召回入值南书房。

十个月后，陈廷敬病逝，康熙帝派皇三子诚亲王胤祉率大臣侍卫前往奠酒，送去一千两白银治丧，并命各院部满、汉大臣凭吊。康熙帝还给内阁和礼部做出批示："陈廷敬夙侍讲幄，简任纶扉，恪慎清勤，始终一节。学问淹洽，文采优长。予告之后，朕眷注尤殷。留京修书，仍预机务。尚期长享遐龄，以承宠渥。遽尔病逝，深为轸恻！"（《清史列传·陈廷敬传》）除了"赐祭葬如典礼"，还"加祭一次，谥曰文贞"。

这些看似客套，但可见康熙帝对他很有感情，并以"宽大老成，几近完人"，作为对他的盖棺论定，与康熙帝说他曾是最倚重的"索额图诚本朝第一罪人也"(《清史稿·索额图传》)，霄壤之别。

后世对陈廷敬的评价向来很高，谈他的清正廉洁，论他的体恤百姓。尤其是王跃文在小说《大清相国》中说："清官多酷，陈廷敬是清官，却宅心仁厚；好官多庸，陈廷敬是好官，却精明强干；能官多专，陈廷敬是能官，却从善如流；德官多懦，陈廷敬是德官，却不乏铁腕。"电视剧《于成龙》渲染，若非陈廷敬在那个君王如虎、同僚似狼的权斗年代鼎力相助，天下第一廉吏就得换人了。

陈廷敬对于康熙帝中期的廉政建设，作出了很大的贡献。他以身作则，掌户部秉公理财，主吏部荐贤举能，管都察院依法监督，且对家人严格要求，堪称一代清官、廉吏、能臣的楷模。

陈廷敬作为生于明崇祯十二年的山西人，顺治十五年中进士，改庶吉士。他的政治表现主要在康熙朝的前五十一年里。

他的政治履历上写道：顺治"十八年，充会试同考官，寻授秘书院检讨"(《清史稿·陈廷敬传》)，顺治帝正月驾崩，这次会试是在玄烨继位之初，还未改元而已。

这一年，陈廷敬二十二岁。陈廷敬一生有过二十八次升迁或调动，创造了中国历史上官员任职的一大奇迹。

2

康熙元年，陈廷敬告假归里，四年补秘书院检讨原官。复出的陈廷敬做过国子监司业、翰林院侍讲学士。康熙十一年，他出任日讲起居注官，成为青年天子的老师。康熙帝称"每日进讲，启迪朕心，甚有裨益"（《清史列传·陈廷敬传》）。

康熙帝给陈师傅安排了不少新职务，如武会试副考官，如经筵讲官，如翰林院掌院学士，如进南书房为皇帝的顾问。

康熙十七年，陈母去世，康熙帝派两名学士前往慰问，赐祭茶酒，并谕告礼部说陈廷敬侍从勤劳，给其母以学士品级赏赐抚恤。两年后，陈廷敬守孝期满，复任原职。

康熙二十一年，陈廷敬任会试副考官，第二年出任礼部侍郎。一年后，陈廷敬授吏部右侍郎，兼管户部钱法。他疏请改官钱以杜私铸，免铜税便民采矿。

康熙二十三年九月，陈廷敬被擢升左都御史，从一品。他成了部院大臣。

陈廷敬提交了《劝廉祛弊请敕详议定制疏》，指出："贪廉者治理之大关；奢俭者贪廉之根柢。欲教以廉，当先使俭。"他以官员的衣冠、车马、服饰、器具以及婚丧之礼，指出奢侈导致贪污，节俭才能清廉，建议定朝廷服制，禁奢靡之风。

他建议慎选督抚，以公心爱民勤政廉洁为准，严饬地方公开赈灾钱粮账目，杜绝污吏贪侵害民。

康熙帝下旨纂修《三朝圣训》《政治训典》《平定三逆方略》《大清一统志》《明史》，以陈廷敬为总裁官，不久调任工部尚书，第二年又先后任户部尚书、吏部尚书。

陈廷敬出任多个部院的主官，甚至在他丁父忧两年期满后，还是大致按这个步调，在从一品中打转转，也没有像其他受康熙帝宠信的官员那样加个尊崇性虚衔。

康熙四十二年四月，康熙帝升他做文渊阁大学士兼管吏部尚书事，参与军国机务，成为"大清相国"。这一年，陈廷敬已经六十五岁了。

3

与陈廷敬有不少交集的诸多官员相比，别人都是年轻化：索额图三十三岁升任国史院大学士，第二年任保和殿大学士；明珠四十一岁被授武英殿大学士；张玉书四十八岁拜文华殿大学士兼户部尚书。

就连李光地升任文渊阁大学士的年龄，也比陈廷敬小了两岁，但李光地从从一品（康熙三十八年初任吏部尚书）到正一品，只用了六年时间。而且，李光地的名字真正进入康熙帝关切的视线，则是在康熙十四年因为他送出靖南王耿精忠起兵造反的消息，被康熙帝认为忠诚，命兵部录为领兵大臣。此时的陈廷敬已是内阁学士，充经筵讲官。李光地于康熙十九年七月才得到这样的官位，但很快扶摇直上，比陈廷敬还早了五年出任吏部尚书。

陈廷敬久在中枢任职，从从一品到正一品，半格之遥，他却用了十九年时间。

一步走了十九年。要么是本身治绩平平，要么是皇帝用而不重。作为康熙帝貌似最信任的重臣之一，陈廷敬忍一时不为耻，但长期不断换岗位而不见再升迁，甚至一旦出了问题，便被马上抛弃而不酌情从宽处理。

康熙二十六年十二月，山西道御史陈紫芝疏劾湖广巡抚张汧"莅任未久，黩货多端，凡地方盐引、钱局、船埠，靡不搜括，甚至汉口市肆招牌，亦按数派钱。当日保举之人，必有贿嘱情弊，请一并敕部论罪"（《清史稿·陈紫芝传》）。康熙帝命直隶巡抚于成龙、山西巡抚马齐、副都御史开音布前往查核，发现他在福建布政使任上亏损库银三十余万两，贪污九万余两白银，还涉及徐乾学受贿。徐乾学贿赂康熙帝左右，进言说：张汧用银，又有送银子者，陈廷敬也！收银子者，高士奇也，与徐乾学实无涉。

兵部尚书张玉书趁机弹劾与张汧有亲戚关系的陈廷敬。康熙帝明知陈廷敬被冤，却不闻不问。

陈廷敬上疏申辩：臣没有其他才能，但日夜勤政敬业，经常反省，不徇私亲戚，不阿谀朋友，对上恐负圣主隆恩，于下保全微臣小节，以免被人怀疑而恶语中伤。张汧是我的亲戚，但我与他泾渭分明。假使我稍微对他徇私、庇护，他则会感激于我，不会举报我。

陈廷敬表露心迹，想自证清白，不拿出证据，却说"自被谤以来，神志摧沮，事多健忘，奏对失其常度，虽皇上不加谴责，而臣心实难自安。且臣父年八十有一，倚闾悬望，伏乞圣心怜悯，准与回籍"（《清史列传·陈廷敬传》）。哀怜求宽容。

这段文字，传递了两个信息：一、陈廷敬引咎辞职，说自己黯然神伤，精神上受了严重的影响，不能理事。二、他要回家赡养老父亲，正好契合康熙帝提倡的孝道。

康熙帝赞赏陈廷敬言辞恳切，还是做出了惩罚，即解除吏部尚书，不许他回老家，安排他继续总裁修书。

三年后，康熙帝宠臣高士奇与徐乾学内斗，相互弹劾，使康熙帝深为厌恶二人招摇多事，把他们一块赶出京城，才又召回了陈廷敬，再任左都御史。

康熙帝对陈廷敬并非真正的信任，可以说是用而有疑、用而不重。而最初坚决要对陈廷敬追责的张玉书，却被授文华殿大学士兼户部尚书。

曾拉拢陈廷敬不得的索额图、明珠相继倒台后，康熙帝牢牢地把权力抓在手上，内阁出现几位白头大学士。陈廷敬六十五岁出任文渊阁大学士时，保和殿大学士吴琠已六十七岁。而像青壮派的文华殿大学士张玉书、武英殿大学士马齐、文渊阁大学士席哈纳，都是康熙帝迅速提拔的新人。他们都没有实力与康熙帝争权！

陈廷敬第一次任左都御史时，张玉书刚守制期满任刑部尚书，六年后执掌文华殿兼管户部。马齐因审理张汧案而声名大显，于康熙二十七年由山西巡抚擢升左都御史，两年后与理藩院尚书阿喇尼一起列位议政大臣，在清朝历史上开先例，康熙三十八年担任武英殿大学士。席哈纳于康熙四十年十月任礼部右侍郎，第二年九月升文渊阁大学士。

陈廷敬位列大学士，排名最后，晋升最慢，慢得在清朝大学士中又成了一大奇迹。

康熙帝最辉煌的成绩，除鳌拜，平三藩，收台湾，签

康熙帝真的特别器重陈廷敬吗？

定《尼布楚条约》，打准噶尔，"第一罪人"索额图都是主要参与者，而陈廷敬始终不沾边，要么丁忧在家，要么免职在籍，或者在职并没有可圈可点的赞襄筹划之功。这在首推军功、大学士以参与军机为重为荣为尊的大清王朝，很是让人怀疑康熙帝对陈廷敬的器重程度。

康熙帝喜欢用谨慎的陈廷敬不假，但长期不尊崇其位，好在陈廷敬恪尽职守、敬终如始，没有被康熙帝和政敌们找到治罪的把柄。

康熙帝给雍正帝培养的水利专家

1

雍正八年建成贤良祠,世宗特书匾额"崇忠念旧",以国家的名义褒奖有功人士。

首批入祀者,以刚死的怡亲王允祥为首,另有满汉大臣各五人。他们绝大多数是逝于康熙朝的"名臣硕辅"。而雍正朝的代表除了允祥外,另有两人,一个是汉军杨宗仁,一个是满臣齐苏勒。

杨宗仁五年前病故在湖广总督任上,他是推行火耗归公的标兵,"廉洁如冰,耿介如石"(《清史列传·杨宗仁传》)。出身满洲正白旗的齐苏勒,雍正七年二月病逝,其政绩就是治河有功,与同时入祀的康熙朝靳辅都是著名的治河大臣。

靳辅曾从征三藩,立功归来封内阁学士,出任安徽巡抚又做了几件可圈可点的大事，加兵部尚书衔，于康熙十六年授河道总督。靳辅治河很有成就，但因与权臣明珠走得近，遇上了康熙帝新宠、安徽藩台于成龙较劲，于是陷入了无休止的争论。著名的御史郭琇弹劾明珠八大罪状，也将靳辅狠狠地奏了一本。康熙帝喜欢靳辅能干，但不爱他的固执，将其两次革职，贬回老家闲居了三年。

相较于靳辅，齐苏勒是幸运的。齐苏勒最初是康熙朝的天文观察的储备人才，任过钦天监博士、灵台郎，掌候日月星气，观测天象变化。清承明制职官，多有品秩擢升，部院长官由原来正二品改为从一品，而灵台郎由前明正七品降为从七品。

副处级技术干部要想平步青云，得有洞察入微的政治眼光。齐苏勒在国家气象台苦熬，就是坐上监正的位置，也不过副厅级。做过顺治朝监正的汤若望，后来官至正一品，那是康熙帝感谢他当初力挺自己做法定继承人，为他特加光禄大夫。

康熙帝能让一个洋教士成为一品大员，也会有办法改变一个小技术员的政治命运。

康熙帝让齐苏勒以内务府主事任永定河河长，并在南巡考察水利时将他带在身边。

康熙帝不重用靳辅，但对他的能耐还是积极利用的。于成龙、郭琇们对靳辅的攻击张弛有度，但不减康熙帝从这个反面教材身上学到不少有效的经验。

康熙帝现学现卖，调教齐苏勒治理永定河，卓有成效。他高兴地说："现今永定河，经朕亲临指示，挑水埽坝，俱有裨益。"（《清史列传·齐苏勒传》）康熙帝亲临现场指导，交办特殊任务，为齐苏勒建功创造不少特殊的机会。

功成受赏，齐苏勒被升任翰林院侍讲、国子监祭酒，继续兼管永定河事务。永定河是齐苏勒崭露头角的第一站，也是康熙帝引以为豪的标志性工程。康熙帝让他作为高级水利专家，陪同副都御史牛钮监修河南武涉等县决口工程。

2

康熙帝亲自培养齐苏勒，对他寄予厚望，影响了后继之君雍正帝对这位特殊人才的垂爱有加。雍正帝即位，就将他破格提拔为山东按察使，兼理运河事务。

雍正帝命他先去河南，同河道总督陈鹏年审察河南巡抚杨宗义的治黄修堤方案。

杨宗义提出，利用马营口南岸旧有河形处，疏浚引河。

齐苏勒同陈鹏年却将方案否了：黄河不能两处流通，此处排水则造成彼处淤塞，这是必然之势。马营口堤已修好，如再开引河，会造成宣泄侵蚀河堤。

雍正帝没有批准杨宗义的方案。齐苏勒刚到山东把工作理顺，又给他送来了圣旨。

齐苏勒代理河道总督，接替殉职的陈鹏年。没多久，他被转正，成为全国总河长。

他上任第一年，就使黄河经受住了秋汛大考验。雍正帝下旨：奖赏加三级，特赐孔雀翎。

齐苏勒总河，修堤防洪，政绩不少，几乎零失误。雍正帝称赞他"在工年久，历练老成"，是当之无愧的"清慎勤"。

雍正六年，署两江总督范时绎、江苏巡抚陈时夏奉诏疏浚吴淞江，导致陈家渡决堤。年近七十的齐苏勒闻讯后，赶赴现场，踏勘灾情，指挥有度，化险为夷。雍正帝说：吴淞江虽交给齐苏勒一同料理，但是范时绎、陈时夏应办之事。齐苏勒不诿过，敢担责，做实事，"此即封疆大臣实心为国为民，感召天和之明验！"（《清史列传·齐苏勒传》）雍正帝又命吏部给他议叙加三级。

3

同样是自己钦定的河道总督，雍正帝给陈鹏年赐谥恪勤，给齐苏勒美评勤恪，文字相同，位序颠倒，而且他们身后有着两种截然不同的态度。

雍正帝承认陈鹏年"洁己奉公，实心为国。因河工决口，自请前往堵筑，寝食俱废，风雨不辞，积劳成疾，殁于工所。……此真'鞠躬尽瘁，死而后已'之臣！"(《清史列传·陈鹏年传》)当河南巡抚孙国玺疏请将陈鹏年入祀河南省贤良祠，雍正帝虽然批准了，但对孙国玺提出入祀的理由"功侔砥柱"，狠批言过其实。

而对于自己圈定进入国家贤良祠的齐苏勒，雍正帝特书他"厥功懋著"。在他心里："历来河道总督如靳辅、齐苏勒二人，实能为国宣劳，有功民社。"

逝者不知身后荣辱，而雍正帝心中有厚薄。这应与他们留给皇帝的印象有关。

陈鹏年治河也有功，雍正帝想过锻炼他，但他服务新朝时间太短。齐苏勒总河伊始，第一份奏折就充满忧患意识："治河之道，若濒危而后图之，则一丈之险顿成百丈，千金之费糜至万金。惟先时豫防，庶力省而功易就。"(《清史稿·齐苏勒传》)国家修堤，耗费了巨资。一处出现问题，导致百处坍塌，给国家造成严重的损失。他要防微杜渐，自己辛苦，也要为国家节省财力。

官员能有这样的思想和认识，很实际，也很难得。守护国家的公共设施，不使国家财产遭到流失，这比不拿国家一分一厘的清正官员的境界更高一层。

说这样的话不忘初心,干实效的事须有始终。齐苏勒用七年治河经历,书写了一位掌管国家河政的清官廉吏是怎样炼成的历程。

齐苏勒以严规铁律,对全国河道官员进行制度化管理:"各堤坝岁久多倾圮,弊在河员废弛,冒销帑金。宜严立定章示惩劝。"不给中饱私囊的不法官员留机会。"举劾必当其能否,人皆懔懔奉法。"(《清史稿·齐苏勒传》)

河道总督每年的收入一万三千多两银子,过去由属官供应,都被齐苏勒请旨禁止,同时革除了逢年过节的收礼红包。这一大笔收入,在雍正帝推行养廉银制度时,算是合法收入,拿了不违法,但齐苏勒分文不取,实属清廉至极。

他将河标四营遗留下来的年收入,交给中军作为置办军械的开支;将盐商按例馈赠的四千两银子奖励有功人士……他向雍正帝报告每一笔收支的安排,对于创收部分除去衙门办公经费一千两银子外,结余四千两银子"未经奏明,不敢擅更"。

雍正帝看完报告,感动得大呼:爱卿太清廉勤勉了!教我怎么不赞赏你的好主意?

齐苏勒是雍正帝非常欣赏的清廉干臣:河堤工程修得坚固,河工款项用得实在。

雍正帝需要这样的先进典型。

雍正五年，齐苏勒患病，世宗特派御医带药上门诊治。在他陛见谢恩时，还下旨要他支取一万两养廉银。齐苏勒是否拿了，史料未载，谕旨要他自行提取。两年后，齐苏勒病逝在任上，雍正帝特赐藩库银三千两，作为归葬的费用。

雍正帝厚爱齐苏勒，一是他能干，治水有大功；二是他清廉，拒收了巨资；三是他刚直，独立不夤缘。《清史稿·齐苏勒传》记载："齐苏勒久任河督，世宗深器之，尝谕曰：'尔清勤不待言，而独立不倚，从未闻夤缘结交，尤属可嘉。'又曰：'隆科多、年羹尧作威福，揽权势。隆科多于朕前谓尔操守难信，年羹尧前岁数诋尔不学无术，朕以此知尔独立也。'"

隆科多、年羹尧拉拢不成，就围攻齐苏勒。雍正帝不为所动，还是坚持重用他。这是真实的历史，还是雍正帝向历史表功？原告身败名裂成了最高法官痛恨的对象，而被告是最后受尽特别恩遇的成功者，判决书中的内容都是雍正帝授意写的。是秉笔直书，还是曲笔杜撰，那都无法对簿公堂。

但有一点值得说明，齐苏勒具备了一个真正的学人操守，而雍正帝对他也是有过怀疑而最终信任的。

雍正四年，河南境内的河道治理取得了初步成效，而山东河工吃紧。雍正帝看到齐苏勒在江南忙碌，就直接任命了吏部侍郎嵇曾筠为副总河，负责山东河工。

雍正帝在齐苏勒的奏疏中朱批道：我原派嵇曾筠前来助你，若他在河工有益则已，倘若对你有掣肘不便或徒劳多事，实则没有益处，你尽管报来，我即可将他撤回。

齐苏勒纵有一万个不满意，也不敢说一句不满意。嵇曾筠是皇帝安排的人，齐苏勒只能高兴地接受，消解自己的不满意变成皇帝的满意。齐苏勒深悉河工事务，也深悉雍正帝心术，充分给足了嵇曾筠机会，让他成为新的治河名臣。

孙嘉淦炮轰雍正帝，为何反受破格提拔？

1

雍正帝即位成功，狂喜之后，又为不合作的允禩一党和未平定的西北战事，伤透了脑筋。他亟须立威，确保过渡稳定。

他大封信任的、亲近的、熟悉的朝中老人、潜邸心腹，委以重任。就连夺位最强的对手允禩，也被他有序地推至总理王大臣、和硕廉亲王、理藩院尚书的高度。他期待能干的允禩竭诚帮他，但又严防他再成集团，结纳亲信。

暂时的平衡，已是新的权力中心维稳、分化异己力量的一种被迫的手段。雍正帝请满朝文武献计献策。群臣极口颂扬，没有祥瑞就大唱赞歌。

翰林院一个年轻检讨，级别低，不便进入皇帝的朝堂贺喜，于是送来一份奏疏。雍正帝满怀喜悦地打开一看，作者孙嘉淦向他提三条建议："请亲骨肉，停捐纳，罢西兵。"（《清史稿·孙嘉淦传》）

言简意赅，但针针见血，直戳雍正帝的心窝子。

一、兄弟阋墙，本是不可调和的政治斗争。

雍正帝即位次日，即命内阁通知西北领兵的皇十四弟允禵，交接兵权，进京奔丧。

祭礼未完，就将允禵软禁于景陵读书，派马兰峪总兵范时绎监视。这是雍正帝的胞弟，就因支持过允禩，被康熙帝生前封为大将军王，让大家误认为是既定储君人选。

此外，雍正帝还将另外两个异母弟弟、允禩的左膀右臂允䄉、允䄉，或命至西宁军前效力，或因罪名拘禁看押。

二、没有捐纳，谁补西北军费的严重不足？

捐纳即朝廷公开卖官鬻爵。统一管理，明码标价。这是一个重要财政收入来源。

清朝捐纳，始于顺治，康熙帝、雍正帝朝尤盛。昭梿《啸亭杂录·纯皇初政》说乾隆帝"罢开垦，停捐纳，重农桑，汰僧尼之诏累下，万民欢悦，颂声如雷"。雍正帝从严治吏，同时存在严重的卖官行为。

雍正帝虽然对捐纳的计划、官职有明确规定，"向因各捐例人多，难于铨选，降旨停止。年来捐纳应用之人，将次用完，越数年，必致无捐纳之人，而专用科目矣。应酌添捐纳事款。除道、府、同知不许捐纳，其通判、知州、知县及州同、县丞等，酌议准捐"（《清史稿·选举志七》）。但他很热衷这种饮鸩止渴的弊政。

还在藩邸时，策士戴铎献策的夺嫡方略就说："顷者奉主子金谕，许令本门人借银捐纳，仰见主子提拔人才之至意。"

雍正帝喜欢的封疆大吏李卫，就是捐资员外郎进入官场的。

雍正帝继承皇位，也继承了康熙帝没有打完的西北战争，亟须以捐纳补充军费不足。

三、打赢战争，证明雍正帝武功不输于康熙帝。

西北用兵，是康熙帝末年再次制定的驱准保藏方针。

康熙五十七年春，准噶尔部首领策妄阿喇布坦进攻西藏，拉藏汗请求康熙帝发兵救援。十月，胤禵（允禵）为抚远大将军，统率大军进驻青海，讨伐策妄阿喇布坦。

这一仗打了四年多，进入了胶着状态。提前收兵，只会告示天下，雍正帝没有先帝那么威武雄壮的军事才能。所以，这一战在没有结果出来时，只能进行到底。

允禵被召回京师后，雍正帝命心腹兼内兄、川陕总督年羹尧接管西北大军，下谕："若有调遣军兵、动用粮饷之处，著边防办饷大臣及川陕、云南督抚提镇等,俱照年羹尧办理。"雍正帝要证明自己青出于蓝,也亟须年羹尧强悍的武力支持。

书生孙嘉淦哪知皇帝的意图。他操心皇家团结和国家舆情,但为接班立威的雍正帝认为是狂言欺君,将奏疏传示群臣,怒斥掌院学士:"翰林院乃容此狂生耶?"

孙嘉淦危在旦夕。他在非议国家既定方针大略。虽然大清律中没有对妄论国政定刑,但愤怒的皇帝可以随便安一个罪名,教他身首异处,最轻也得打几十下屁股。

掌院学士不敢作声,害怕说错话被新皇帝定个监管不力连坐受罚。一旁的太子太傅、吏部尚书朱轼(《清史稿》作"大学士",不符史实。朱轼任文华殿大学士则是雍正三年九月事)慢慢说了一句:孙嘉淦有点狂,但我很佩服他的胆量。

朱大人的言下之意,新皇御极,正好借一个胆大的直臣彰显帝王的大度无疆。

急躁的雍正帝很聪明,故作深沉后,朗然而笑:我也很佩服孙爱卿的胆量!

雍正帝没有派血滴子摘了孙狂生的脑袋,而是下调令,将他调至国子监任司业。

《清史稿》说:"嘉淦谔谔,陈善闭邪,一朝推名疏。"诤臣抗死,靠着胆量。雍正帝说"朕亦且服其胆"。孙大胆此后扶摇直上，经风历雨，成为一代名臣。

2

诤臣能成名臣，要胆量，更要见识。胆识胆识，既要有胆，也要有识。此胆，乃敢为人先，敢于直言，大胆说话，临危不惧；此识，乃政治眼光，忠诚意识，全局头脑，审时度势。图一时口快尽忠，那是莽夫的蛮干。扎一刀切中要害，需要一个智勇的英雄和一个同样有战略思维和大度胸怀的领导者。

孙嘉淦疏陈三事，雍正帝没有及时采纳，但他随后密建皇储制度，避免诸子在皇位继承问题上重蹈自己一辈兄弟倾轧的祸事，应该受了孙氏建议的一些启发。

雍正四年，国子监祭酒孙嘉淦入值南书房当差，两年后署顺天府尹，兼工部侍郎，充经筵讲官，身兼数职。雍正十年，孙嘉淦调任刑部侍郎，同时在吏部挂职侍郎。

一肩挑起两部侍郎，是孙嘉淦在雍正朝的最显官身。他由县处级升为司局级，仅靠那一次大胆的狂论，但此后成为副部级，却在多个要职一直打转。

这不能说雍正帝对他不重视。他甚至可以推荐自己的亲弟弟出任国子监丞。

但因推荐其弟到手下当差,被人做了文章。

雍正十年十二月,皇帝接见任职期满的教习宋镐、方从仁等,准备另行任职。孙嘉淦进言说宋镐一班六人都可重用,被雍正帝追问一下,又说方从仁难当大任。

雍正帝很不高兴,怒斥他言词前后矛盾,于是重提旧事,说看他貌似老实人,就将他多次破格提拔,希望他殚精竭虑、尽心尽责,为国家宣猷效力,哪知他"偏执自用,从前屡有陈奏,皆迂阔琐碎,不可见之施行"(《清史列传·孙嘉淦传》)。

雍正帝记得孙嘉淦反对过他的大政。他贬斥孙嘉淦滥用私权,用人唯亲,不知区分取舍激励教习,"冒滥名器,用违人才之弊"。

雍正帝指示内阁,孙嘉淦任意反复,欺君罔上,要加以严惩,革职论罪。既然皇帝发了话,刑部自然不会因为孙嘉淦是侍郎,就网开一面。加之孙嘉淦性格耿直,得罪了不少人,对手们纷纷落井下石,以挟私欺公之罪要将他斩立决。

雍正帝意识到问题的严重性,赶紧表态:孙嘉淦太憨直,但不贪求钱财。

如果杀了这样一个直臣、一个清官,就是宣示雍正帝治吏的选择性执法,让说了真话的清官死于非命。即便刑部再想使讨厌的孙嘉淦死于非命,雍正帝也不会答应。

雍正帝下令，不对孙嘉淦治罪，要他去户部银库效力行走。

3

雍正帝看准了孙嘉淦。孙嘉淦从牢房出来，径直去户部银库报到。

继怡亲王允祥之后，雍正帝的另一个死忠老弟、果亲王允礼接管户部三库事务。他怀疑孙嘉淦由实权派侍郎被作断崖式处理为银库管理人员，殷鉴不远而慵懒无为，不屑于干财务杂事。加之孙嘉淦接受调查审理时，外界纷传他刚直清廉的背后沽名钓誉，导致允礼认为他收银入库时会不认真，敷衍塞责。

不信任孙嘉淦的允礼，纡尊降贵，专门深入银库到场视察。

耳听为虚，眼见为实。只见孙嘉淦手执衡器称量，跟下吏仆役杂坐一起，同样辛苦出力。允礼对他收纳的银两，认真核查，足金足两，丝毫无差。

清官孙嘉淦是皇帝派来的。是苦差，还是钦差？只有皇帝一个人知道！

皇子都有机会成为皇帝，但和硕亲王哪知帝王心术。允礼赶紧向雍正帝奏报实情。雍正帝此后更爱这不改初心的直臣，将他调任河东盐政，对他的建议皆下部议行。

雍正帝还没将孙嘉淦召回朝廷，就遽然而逝，于是把委以重任的使命留给了乾隆帝。

乾隆帝甫一登基，即将孙嘉淦召回京师，补任吏部侍郎，两月后擢升为左都御史，仍兼吏部事。哪知他的刚直性格不渝，改向乾隆帝师、协办大学士福敏开炮，说他同查废员一案，执拗偏执，经常不到岗。

这次，允礼为首的总理王大臣，集体支持孙嘉淦，称废员一案的责任全在福敏。乾隆帝不想师傅太丢脸，便以孙嘉淦有失大臣礼，不能与福敏和衷共济，处以一级降职。处罚书还未发出，乾隆帝又下令以功补过，两不责罚，命孙嘉淦充江南乡试正考官，调刑部尚书，兼国子监事。一年后，乾隆帝将其擢升为吏部尚书，兼管刑部。

又是刑吏两部一肩挑，此次已由侍郎改尚书。距上次已有七年。

乾隆帝厚待孙嘉淦，激发了同僚的红眼病。有人伪造孙嘉淦奏稿，谣传他密参大学士鄂尔泰、张廷玉、徐本，有首揆之实的兵部尚书兼军机大臣、一等公讷亲，户部尚书海望，领侍卫内大臣常明等。

攻击朝中诸多大佬，尤其是位高权重的鄂尔泰、张廷玉。这是一件政治大事！

乾隆帝说："诸臣皆朝廷简用之人，守法奉公，实心尽职，而鄂尔泰、张廷玉尤系皇考特简之大学士，为国家栋梁。以孙嘉淦较之，识见才猷，岂能与二人为比？"（《清史列传·孙嘉淦传》）孙嘉淦"操守廉洁，向有端方之名"，被多次提拔，但他的才识不够格，不然怎会让他屈居尚书，而非大学士。

毁谤其中一人，都够孙嘉淦狠狠地喝上一壶，更何况是整个朝廷的柱石大臣。

乾隆帝强调向来大胆的孙嘉淦，不敢干激发众怒的蠢事，被绑架上了"特立孤行之直名"的宣传车，故命步军统领和巡城御史明察暗访。

这是没有结果的！很有可能是乾隆帝想将孙嘉淦打造成孤臣，提前布局裁抑老臣计划。他拉出亲信讷亲陪审，但始终针对着鄂尔泰、张廷玉这两位先帝的顾命重臣。

只有乾隆帝暗箱操作，才不会对孙嘉淦做停职调查，而是进一步加大孙氏实权，如总督直隶、湖广。即便孙嘉淦出了问题，乾隆帝亦始终扛起这一面大旗，迅速挥舞。

有人散播孙嘉淦斥责乾隆帝无道"五不可解、十大过"的抄稿，乾隆帝选择相信了他，历时三年，暗查六省，最后查到是江西卫千总卢鲁生等假托孙嘉淦名义伪造。

孙嘉淦炮轰雍正帝,为何反受破格提拔?

在乾隆帝的心里,孙嘉淦还是有做大学士的才干和识见的,特地在外界纷传他炮轰自己时,晋升其为吏部尚书兼协办大学士。虽是协办,但掌实权。这是一份特别的爱!好功的乾隆帝比好胜的雍正帝,对待孙嘉淦的态度,坚信中带了不少利用。

刘统勋叫板张廷玉

1

不知道大家是否看过或者记得，2002年有一部很火的历史剧，叫《天下粮仓》？

王庆祥主演的刘统勋，官拜刑部尚书，扶棺履任，统领全国查案赈灾之职，冒死进献《千里饿殍图》给新上台的乾隆帝，龙心大慌，雷霆震怒。随后，皇帝来到他家，为刘统勋的诤臣气概所打动，打消了严办老刘的念头。

电视剧开场的事情发生在乾隆帝继位之初，而在历史上，这时的刘统勋还只是内阁学士，后来挂名刑部侍郎，还是代理。《清史列传·刘统勋传》记载他"乾隆元年六月，擢内阁学士。八月，署刑部侍郎"。他这个刑部副部长，并非实职，直至乾隆六年六月，才补缺转正。

然而，他又确实长期任过刑部尚书，但那已是乾隆十五年的事情了。

《清史稿·刘统勋传》写得很笼统，前面只有乾隆十三年的时间定语："十三年，命同大学士高斌按山东赈务，并勘河道。时运河盛涨，统勋请濬聊城引河，分运河水注海。德州哨马营、东平戴村二坝，皆改令低，沂州江枫口二坝，俟秋后培高，俾水有所泄。迁工部尚书，兼翰林院掌院学士，改刑部尚书。"

而《清史列传·刘统勋传》写得很详细：乾隆"十五年七月，兼管翰林院掌院学士，命赴广东会鞫粮驿道明福违禁折收一案，鞫实，拟斩如律。八月，迁刑部尚书"。

刘统勋在刑部尚书任上，一干就是十一年，直至乾隆二十六年五月荣升大学士，才分管其他部门。乾隆三十年正月又兼管刑部。他清廉正直，敢于直谏，在吏治、刑狱、军事、治河等方面均有显著政绩，甚得乾隆帝重用，即便两次犯了过失被"部议革任"，乾隆帝都下旨从宽留任，还让他进军机处、协办大学士。

2

刘统勋是雍正二年的进士，在雍正朝先后入值南书房、上书房当差,做过皇帝侍读、日讲起居注官和顺天武乡试正考官、詹事府詹事,但他进入乾隆朝后,更得后继之君欢心。

乾隆帝即位后,奉大行皇帝遗命,由庄亲王允禄、果亲王允礼和大学士鄂尔泰、张廷玉辅政。因他们恳辞,以总理事务王大臣称职。

此四人中,二允是乾隆的亲皇叔,鄂尔泰是满人兼内阁首辅,张廷玉为唯一的汉臣。雍正帝对张廷玉另眼相待,高看一等,夸他为"大臣中第一宣力者",还在雍正十一年说:"朝廷之上近亲大臣中,只和你一天也没有分离过。我和你义固君臣,情同密友。如今相隔月余,未免每每思念。"雍正帝驾崩前,还专门给乾隆帝留下一道"遗诏以廷玉器量纯全,抒诚供职,命他日配享太庙。(《清史稿·张廷玉传》)

张廷玉和鄂尔泰虽都是先帝遗留的重臣,却枢臣互讽,经常掐架,共事十余年,"往往竟日不交一语"。

清朝皇帝喜欢利用满汉权臣矛盾,使之相互制衡。雍正帝之所以偏向张廷玉,也是不使其处在弱势,但到了乾隆时,皇帝的天平又向鄂尔泰做了偏斜。

张廷玉虽在乾隆帝多次外出巡视时,留京总理事务,或为大学士掌机要,还开了本朝无文臣封公侯伯之例而为伯爵,但他年纪大了,倚老卖老的固执与好激动,让喜欢乾纲独断的乾隆帝心有芥蒂。

即便张廷玉无心结为朋党,但满朝的门生故吏,自然让朝野认为张中堂自成一党。所以《清史稿》评价他与鄂尔泰二人斗争的后果是:"顾以在政地久,两家子弟宾客,渐且竞权势、角门户,高宗烛几摧萌,不使成朋党之祸,非二臣之幸欤?"

乾隆六年十月,都察院左都御史刘统勋上书:"大学士张廷玉历事三朝,遭逢极盛,然晚节当慎,责备恒多。窃闻舆论,动云'张、姚二姓占半部缙绅',张氏登仕版者,有张廷璐等十九人,姚氏与张氏世婚,仕宦者姚孔鋹等十人。二姓本桐城巨族,其得官或自科目荐举,或起袭荫议叙,日增月益。今未能遽议裁汰,惟稍抑其迁除之路,使之戒满引嫌,即所以保全而造就之也。请自今三年内,非特旨擢用,概停升转。"(《清史稿·刘统勋传》)

刘统勋直言,张廷玉名望极盛,但晚年不谦谨,招致满朝非议。张家与同乡姚家,都是桐城缙绅望族,互相通婚,为官举荐时互相包庇,请皇上三年内不要提拔重用张廷玉。

同时,刘统勋还上书说尚书讷亲管辖吏部和户部,部中议论大事,讷亲说什么别人必须执行,完全没有心存谦诚、集思广益。请皇上给予他批评,让他反省改正错误。

乾隆帝收到奏折后,快速做出反应:朕认为张廷玉和讷亲如果不擅自作威作福，刘统勋必不敢上这样的奏章！

同时，乾隆帝为了防止张廷玉、讷亲擅权营私，打击报复刘统勋，还说：大臣责任重大，原本就不能避免别人的指责。听到别人指出缺点应当高兴，这是古人所崇尚的。如果心存不快或嫌怨，那就没有大臣的气度了。

而对于张、讷二人，要有则改之无则加勉，乾隆帝下旨："至职掌太多，如有可减，候朕裁定。"并将刘统勋直言敢谏的奏疏公开给众臣看，刘统勋由此名闻朝野。

其实，刘统勋中进士那年，主考官即张廷玉。刘统勋进翰林院做庶吉士、编修时，张廷玉为掌院学士。所以说，张廷玉是刘统勋的座师，刘统勋也是张廷玉的门生。

3

刘统勋大公无私，被乾隆帝倚为得力助手。

刘统勋随后历任漕运总督、工部尚书兼翰林院掌院学士、刑部尚书、太子太保兼陕甘总督，查办了一批贪污渎职的官员，筹办战马兵饷。乾隆十七年，刘统勋成为乾隆王朝的权力核心成员，在军机处行走，是乾隆帝的左膀右臂。

乾隆二十一年，乾隆帝下旨，由刘统勋、傅恒等负责修纂《西域图志》，刘统勋亲率测绘队踏遍天山以北地区，获取了大量实地测绘资料，成为后来新疆地图的蓝本。

此后，刘统勋又先后任东阁大学士兼礼部、兵部事务，翰林院掌院学士兼上书房总师傅、殿试阅卷大臣，东阁大学士兼国史馆总裁、兼管刑部、吏部等。

乾隆三十四年，刘统勋七十大寿，乾隆帝亲笔御赐"赞元介景"匾额。

乾隆三十八年十一月十六日，刘统勋赴紫禁城早朝，行至东华门外时，轿内忽然倾斜，轿夫拉开轿帘发现，刘统勋双目紧闭。乾隆帝闻讯后，赶忙派在御前当差的一等公兼驸马福隆安携药赶往救治，但为时已晚。

刘统勋死了，乾隆帝亲往吊唁，到刘家门口时发现门楣窄小、家居简朴，为之感动。回宫尚未进乾清门，乾隆帝忍不住涕泣，对群臣说："朕失一股肱！"既而说："如统勋乃不愧真宰相。"（《清史稿·刘统勋传》）

乾隆帝还亲自作挽联和怀旧诗，将刘统勋列为五阁臣之一，追授太傅，赐谥号文正。清朝谥文正，自乾隆朝始，有汤斌、刘统勋、朱珪、曹振镛、杜受田、曾国藩、李鸿藻、孙家鼐八人。汤斌为死后50年被乾隆帝追谥，算为康乾大兴文字狱的一种掩盖，而刘统勋被直接谥为文正起，此谥只能皇帝特旨、不为臣下群议，故而成为清朝一种对汉臣死后追认的顶级谥号。据说，李鸿章生前很希望能如其师曾国藩一样，身后能得文正谥号，不意几次代表朝廷外出签订丧权辱国条约的污点，使之只能得一文忠公的美谥，也算是盖棺定论。

乾隆帝为刘统勋之死，还专门发上谕："大学士刘统勋老成练达，品行端方。雍正年间耆旧服官，五十余年中外宣猷，实为国家得力大臣。"（《清史列传·刘统勋传》）

《中国名人志》第十一卷是这样评价的："刘统勋为官近五十载，清正廉洁，秉公无私。一生多次奉命审理官员贪渎案件，所拟判决多得皇帝嘉许。据《清史稿》本传记载，刘统勋每次出巡查案，凡属贪官一经查明都严惩不贷。从弹劾三朝元老张廷玉徇私枉法、擅作威福，到按律查办西安将军都赉、归化将军保德、江西巡抚阿思哈等，无不显示出刘统勋为官刚正、清风独标的秉性，也因此被乾隆称赞为'真宰相'。刘统勋逝世后，得到乾隆皇帝御赐'文正'谥号，这是文臣身后可以得到的最高谥号。在清朝270余年历史上，仅有八位文臣获得这一荣誉。"

4

刘统勋之所以能成为乾隆帝的股肱重臣，完全是以其能力、品行所成就。

他死后，乾隆帝两次下诏，命令刘统勋的儿子、陕西按察使刘墉回京治丧守制、扶棺归里。

乾隆四十一年，刘墉服丧期满还京，乾隆帝念刘统勋多年功绩，诏授刘墉为内阁学士，任职南书房。次年底，刘墉因在外放江苏学政任上，办事有功和督学政绩显著，迁户部右侍郎，后又调吏部右侍郎。

后来，刘墉又任湖南巡抚，升都察院左都御史。在左都御史任上，他奉命与理藩院尚书和珅查山东巡抚国泰舞弊案，顶住和珅及宫廷等各方面压力，据理力争，最终使国泰伏法。他有功，升为工部尚书，充上书房总师傅，署直隶总督。后来，民间曾据此事写成通俗小说《刘公案》，对这位"包公式"的刘大人大加颂扬。

乾隆五十年五月，刘墉被以吏部尚书授协办大学士。然而，刘"包公"官做大了，问题也来了。他不断犯错，不是泄密皇帝与阁臣的谈话内容，就是主持祭拜文庙不按礼制行事，甚至还被牵扯进一桩乡试贿赂案。他担任上书房总师傅时，众师傅总不到位，他不闻不问不作为。

更有甚者，权臣和珅专宠于乾隆帝，"方炙手可热，刘墉惟以滑稽悦容其间"（《栖霞阁野乘》卷下），装傻充愣，随波逐流，直至后来他的学生嘉庆帝上台后，虽然给了他一顶大学士的顶戴，但还是指责他向来不肯真心实意做事，干

151

活懒散。

论历史影响,刘墉即便被人赞为"名相",但还是不济其父刘统勋的作为和风范。然而,近年来,以《宰相刘罗锅》为首、《乾隆王朝》压阵的多部影视剧,大肆渲染刘墉如何如何同和珅斗智斗勇、斗气斗法地斗了半辈子,捏造了一个伟大的大清相国。这是刘统勋在现代娱乐历史的大环境下,难以企及的。

其实呢,刘墉虽还算清官、晚节不亏,但他那些所谓的不拘小节本身就是为官不为、懒政怠政,他并无与和珅较量的斗志,故而顶多算在乾嘉高层官场上扮演了一个名丑。所以,电视剧不好给他脸上画白粉,却在他背上隆个驼。

叶存仁：不畏人知畏己知

1

清朝究竟有多少名叫存仁者，限于当时缺乏现代化的户籍大数据管理体系，所以不得而知。据我所知，至少有两位存仁先生，名垂青史。

一位是天聪五年（1631）十月，皇太极发起大凌河之战围城两月后，迫降明总兵祖大寿时收服的副将张存仁。

祖大寿降而复叛，留下来的张存仁成了皇太极的忠臣和重臣，做过建置在六部之上的都察院首任负责人，为大清国计赚祖大寿和洪承畴，招降吴三桂和屡败南明兵。

崇德元年（1636），他受命组建国家最高监察部门时，曾有两句名言：

一是"如果我正直，那么后世必定有比我更正直的；如果我邪佞，那么后世必定有比我更邪佞的"，这是他做人、为官、执法的基本底线。

二是"如果我做事畏首畏尾、苟且塞责，就以负君之罪杀我；如果我假公济私、瞻顾情面，就以欺君之罪杀我；如果我贪财受贿、私家利己，就以贪婪之罪杀我"，虽为防患群僚攻击他严明公正、寻求支持的前提条件，但也是他挺身而出、严于律己的政治规矩。

后来，张存仁又做了中国历史上的第一任闽浙总督，治疆东南，治绩不俗。顺治六年（1649）八月，已被朝廷批准病休的张存仁，又被起授兵部尚书兼右副都御史，总督直隶、山东、河南三行省，巡抚保定诸府，提督紫金诸关，兼领海防。

他在这次总督畿辅重地的任上，遇到朝廷命令总督、巡抚和按察使考核官员文化水平。

朝廷要进行官员的文化水平评估，但他反其道而行之，强调在廉政操守上优异者可加分。

他规定：清廉的干吏只要有文化的都注明上报，而那些不清廉的庸官文学水平再好也要排在后面。

评估人员费解。

张存仁说："我武臣也，上命我校文，我第考实，文有伪，实难欺也。况诸守令多从龙之士，未尝教之，遽以文艺

校短长，不寒廉能吏心乎？"（《清史稿·张存仁传》）

行伍出身且富于计略的他，自定了一个新标准：考察执政的工作实绩，而不要文采飞扬的修饰。

他旗帜鲜明地说：文化水平可以造假，但工作实绩不能作伪。何况各府县的官吏大多都是拼军功而出任官员的，没有接受过专业系统的文化教育训练。如果仅凭文才论高低，那就会使廉能的官吏寒心！

这位张存仁是一个实干主义者，强调官员务实，而不能文过饰非。所以，《清史稿》本传有云："张存仁通达公方，洞达政本。"虽然不是对他盖棺论定，但也是给了公允评传。

遗憾的是，他是明朝投降过来的将军，不论政绩显著，不负存仁于世的美名，但却摆脱不了名列乾隆帝公布的贰臣榜的命运。

2

而另一位名唤存仁者，是乾隆帝时期的清官叶存仁。

叶存仁生于康熙四十九年（1710），江夏（今武昌）人，于雍正年间被补授江苏铜山县令，乾隆元年升为邳睢河务同知，此后长期从事地方河道管理工作。不幸的是，乾隆十六年，有人揭发南河道库钱粮被道员侵吞，叶存仁被牵连在案，遭到免职。

乾隆二十八年（1763）正月，河南巡抚胡实瑛病逝，刑部右侍郎叶存仁受命代理。不久，乾隆帝选调他至湖北，联手刑部侍郎阿永阿审定了归州（今秭归）著名的纵盗冤良案。二人会勘此案，功劳不小，但乾隆帝还是命叶存仁回任河南。

当年十一月，河东河道总督张师载病逝，乾隆帝下旨，调叶存仁改督东河。这也是对叶存仁不畏强权查贪腐、开河筑坝治水利的奖赏。

就在他连夜离开河南，乘船赴任东河时，河道上赶来一艘船。

叶存仁趁夜而行，就是怕惊扰了老部下。谁知这些人还是赶来，送来了一些礼品。

部下们美其名曰，聊表心意，恭祝叶巡抚荣升为叶总督。

送别之情不好拂，但送行之礼不能收。

哪怕是舟行河中，月夜风高，可避人耳目，可掩盖隐恶，却回避掩饰不了自己的良心。

叶存仁心生感慨，赋诗一首："月白风清夜半时，扁舟相送故迟迟。感君情重还君赠，不畏人知畏己知。"

3

好一句"不畏人知畏己知!"

自己都容不下收受重礼的恶劣行为,又何须别人来说自己不清白?!

这是古代中国士大夫们做人处世、行事为官的一种境界和操守。

叶存仁不用严词拒绝,诗中已表明了他头顶三尺有神明、廉洁人生不受贿的态度,使送礼者们自然不好再强求。

"君子慎其独",潜在地追寻"莫见乎隐,莫显乎微"的"慎独"精神。也要慎独清廉的叶存仁,表现了一位身历官场三十余年的老清官的洁身自爱、严于律己。

这样的廉政风范,必然是长期坚守的清官活法,而不是孤芳自赏的巧官标榜。

孔子有云:"不患人之不己知,患不知人也。"(《论语·学而篇》)叶存仁虽曾宦途沉浮,有过不察弹劾者的问题牵连,也疏于严治送礼者的陋习存在,但他的功过是非,他的治绩能力,他的职业操守,已然是历史上一道无法抹去的亮点。

遗憾的是,叶存仁总督东河,仅半年就病逝任上。《清史稿》之类官修正史,只是零星留其姓名、注其履历、载其史记，却疏于对他有一个较为翔实的史料记载，导致地方典籍记载他所留下的一首即兴发挥的小诗更加出名。虽然只有短短的二十八字，确有很重的分量，就如清初张存仁走马上任的两条规矩，即为殷鉴。单是那一句"不畏人知畏己知"，就充分地展现了中国古代清官的廉洁律己。

君子之仁，正者为大，存于天地之间，存于流芳史册。

虽然都是清朝的封疆大吏，叶存仁的名气不及张存仁煊赫，不能像张存仁那样获赐五省祭祀，但仅凭一句"不畏人知畏己知"，照样可以成为无数人的榜样！

"岳青天"的反面典型

1

《资治通鉴》名垂青史,就连主编司马光砸缸的故事,也被赋予了少年英雄的传奇。

后人歆慕资政巨著,于是多有续写。影响最大者,莫过于乾嘉重臣毕沅,邀请大学问家钱大昕、章学诚、邵晋涵、洪亮吉等参与其事,修成《续资治通鉴》。梁启超说:"有毕《鉴》,则各家续《鉴》皆可废也!"

修撰续《鉴》,毕沅总督湖广,是乾隆帝看重的封疆大吏。虽然他治绩不佳,屡遭弹劾,但他在乾隆朝最后十年,三任湖广总督,加兵部尚书衔,还穿过御赐的黄马褂。

其实,毕沅被乾隆帝发现,也是一个巧合。

毕沅是乾隆朝文坛领袖沈德潜的弟子,于乾隆二十二年以举人的身份，受任内阁中书，入值军机处做章京，职事撰写谕旨、记录档案和查核奏议等。

章京有小军机之名，但要经常值晚班。军机大臣回家了，由他们紧急应对皇上突然交办的事情。

毕沅是汉人，虽为名士高徒，但要想在仕途混个好成就，就得获取科场的高学历。他和同事诸重光、童凤山报考了乾隆二十五年的会试，都成功晋级，获得了殿试资格。

殿试，那是皇帝主考的最高级别的考试，决定会试的最终名次。哪知，殿试的前一晚，其他晋级者在紧张地备考，毕沅和诸、童二人，却被安排在军机处值班。

诸、童揶揄道：老毕，我们三人，你的书法不好，明天殿试已是无望，而我们的字好，不如……

字是门面书是屋。毕沅明白他们的用意，爽快地满足了他们的别有用心。

孰料，四天后，殿试结果出来，毕沅高中榜首，诸重光名列二，童凤山二甲第六。

本来书法好的诸重光，被读卷大臣拟定状元。毕沅楷书不好，名列第四。但是，乾隆帝命大臣读卷，当听到毕沅试卷后，赞赏有加，立论高深，颇合圣意，钦定为新科状元。

让大家没有想到的是，就在诸重光、童凤山耍心机回家备考的那一晚，毕沅值班，收到了乾隆帝下转军机处的陕甘总督黄廷桂关于新疆屯田事宜的奏折。毕沅认真研读了黄氏报告与乾隆帝朱批，不意第二天殿试的时务策，就是策问新疆屯田时务。

这不是舞弊，而是巧合。

巧合的还有，乾隆帝突然不看试卷，而听读卷。

一连串的巧合，改变了毕沅、诸重光与童凤山三人的命运。

诸重光被授职翰林院编修，官至辰州知府。童凤山改任翰林院庶吉士，多次出京主持地方乡试，最高职务也就是吏部左侍郎。

而毕沅，按状元惯例，被任命为翰林院修撰，但这次巧合，却成为他扶摇直上、深受皇恩的新起点。

2

乾隆三十一年，侍读学士毕沅迁左庶子，外放甘肃实授道员，四年后升陕西按察使。

乾隆帝西巡，毕沅朝见。君臣再会，虽然谈论的是甘肃旱情问题，但乾隆帝对毕沅更加关注了，擢升其为陕西布政使、巡抚。

毕沅募民垦荒有政绩，还做了不少文化建设，深得乾隆帝的欢心，被作为勋臣赏戴花翎。

毕母去世，毕沅该辞官回籍守制三年。刚过一年，乾隆帝即以陕西巡抚缺员，命毕沅戴孝复出，名为署理，实则主事，不久以其协同西安将军伍弥泰、陕西提督马泰平叛有功，赏赐一品顶戴。

毕沅成了一品巡抚。

不料，他慵懒任事，玩忽职守，三番五次被皇上严旨斥责。刚擢升，又被降级，仅在湖广总督任上就三起三落。乾隆帝一再对他从宽处理，貌似做断崖式处理，但也只是由总督降为巡抚，又很快官复原职、再履旧任。

倘若他做官有其作文一般认真，也不会出现类似审讯走私案问不出蛛丝马迹、放任官员冒领赈济而自请罚银五万两充军费、缉捕杀官凶手迟迟不能归案、治下不严导致异地传谣辖区起叛乱的荒唐事。

他不是没有治理封疆的能力。湘西苗民石三保与石柳邓、吴八月等，高举苗王旗号反清，就是毕沅调度兵马平定的。

他平叛湘西时，还出了一次巧合。本因辖区叛乱频发，新君嘉庆帝下旨将他罢官，孰料命令未至，他平叛有功，嘉庆帝改诏嘉勉，还赏赐了他一个二等轻车都尉世职。

嘉庆元年七月，奉命前往湖南镇抚的毕沅，病逝在辰州军营。嘉庆帝赠太子太傅殊荣,但没有给他谥号。

因为有人说,毕沅总督湖广时,失察事件太多。

这还不打紧,三年后,乾隆帝去世,嘉庆帝清算权臣和珅。有人举报,乾隆五十五年,和珅过四十岁生日,时任湖广总督毕沅献诗十首。

嘉庆帝大怒,迅速下旨:毕沅生前巴结和珅,著褫夺世职,抄没家产。

身后惩罚,也是晚节未保。

3

关于查抄毕沅遗产一事,还为历史留下了一个"岳青天"和其"严正"夫人的佳话。

昭梿《啸亭杂录》卷四说:这位岳青天,"尝往毕弇山尚书产,归已暮,面微醺,夫人正色告曰:'弇山尚书即以耽于酒色故,至于家产荡然。今相公触目惊心,方畏戒之不暇,乃复效彼为耶?'"

江苏巡抚岳起,奉旨查抄毕沅遗产,回家较晚,在外喝了酒。岳夫人不悦,即以毕沅耽于酒色,累及抄家,警示岳起要时刻当作教训。

《清史稿·毕沅传》云:"沅以文学起,爱才下士,职事修举。然不长于治军，又易为属吏所蔽，功名遂不终。"

毕沅不是书生报国无才干，然书生意气太重，养了不少幕客，结果把酒言欢被利用，祸起萧墙，幸有留下皇皇巨著《续资治通鉴》，弥补了身败名裂的劫难。

同样是封疆大员，岳起却有自己的政治规矩：从严要求部下，决不许他们假以事权。

他说，侍从的职责是扫地跑腿、烹茶点烟而已；而衙署的政事，是天子交给他的工作，决不许侍从参与其中。

他对高官与侍从的关系，认识得很透彻："从来大吏多不能令终者，皆倚任若辈为心腹故也。"（昭梿《啸亭杂录》卷四《岳青天》）

此语，既是毕沅的宿命，也是岳起的警醒，更该是后来人的殷鉴。

岳巡抚为满洲镶白旗人，孝廉起家，清介自励，而其夫人亲掌签押，没有夫人干政之嫌，却有夫人监督之功。二人住在富庶江苏偌大的巡抚衙门，只有几个服务人员。

毕沅以历史地理学之长，笼络诸多史学名宿于幕中，编撰出颇具影响的《续资治通鉴》，然而治史不致用，一叶障目，弄得理政慵懒、仕途沉浮，谀扬权臣，导致身后哀荣巨变，甚至成了岳起夫人敦劝男人清正为官的反面典型。

与毕沅相比较，岳起只有一个举人的学历，不受乾隆帝待见，但入仕为官，甚为清廉，就连出任奉天府尹，因为耳闻前任贪黩，于是进入衙署的第一件事，就是安排仆人将前任留下的房子器物都认真地清洗一遍。

这不是生理上的洁癖，而是品行上的洁身，不让自己感染了贪官的污迹。

岳起为官清正，不为奉天将军所容，遭到诬陷罢官。他没有像毕沅一样，去抱乾隆帝跟前第一红人和珅的大腿。嘉庆帝亲政后，迅速起用他为山东布政使，很快调任江苏。

岳起巡抚江苏，出行简便，不坐轿子，而乘瘦马，着装也很素朴，还明文禁止游船妓馆过分娱乐。主官率先垂范，吴下奢侈庸俗之风气，蔚然大变。

图书在版编目（CIP）数据

廉吏小史 / 向敬之 著 . —北京：东方出版社，2024.11
ISBN 978 - 7 - 5207 - 3963 - 4

I.①廉… II.①向… III.①政治人物-生平事迹-中国-明清时代 IV.① K827=2

中国国家版本馆 CIP 数据核字（2024）第 102753 号

廉吏小史

（LIANLI XIAOSHI）

作　　者：向敬之
责任编辑：史　青
封面设计：姚　菲
版式设计：吴　桐
责任校对：杜凤侠
出　　版：东方出版社
发　　行：人民东方出版传媒有限公司
地　　址：北京市东城区朝阳门内大街 166 号
邮政编码：100010
印　　刷：北京中科印刷有限公司
版　　次：2024 年 11 月第 1 版
印　　次：2024 年 11 月北京第 1 次印刷
开　　本：880 毫米 ×1230 毫米　1/32
印　　张：5.375
字　　数：91 千字
书　　号：ISBN 978-7-5207-3963-4
定　　价：58.00 元
发行电话：(010) 85924663　85924644　85924641

版权所有，违者必究
如有印装质量问题，我社负责调换，请拨打电话：(010) 85924602　85924603